W0059937

Voll **Dampf** kochen

1. Feb. 2008
19,90 €

Christina Richon | Werner Raith

Voll **Dampf** kochen

Unbeschwert arbeiten mit Dampfbackofen & Co.

In Zusammenarbeit mit dem Neff-Team

AT Verlag

Vorwort 7

Im Gespräch 8

Basiswissen Dampfgaren und Dampfbacken

Dampf machen – aber richtig 10

Was kann der Dampfbackofen eigentlich nicht? 12

Kochen mit vier Händen – Menüs aus dem Dampfbackofen 16

Ran an die Kronjuwelen – Das richtige Equipment 18

Sei gut zu ihm und er ist gut zu dir – Reinigung und Pflege 19

Gartabellen 20

Menüs und Rezepte

Alle Menüs auf einen Blick 28

Mamma mia – Ein italienisches Festessen 32

Veggie-Voodoo – Buffet (nicht nur) für überzeugte Vegetarier 38

Veronika, der Lenz ist da – Ein Frühlingsmenü 52

Passt scho' – Bayerische Gemütlichkeit in drei Gängen 58

Bangkok-Express – Geht schnell, schmeckt gut 64

Immer wieder sonntags ... – Auf der Terrasse 70

Aladins Entzücken – Orientalisches Picknick 80

Pumpkin, Duck & mehr ... – Rund um den Kürbis 96

¡Café olé! – Menü für Kaffeefreaks 102

Hitzefrei – Menü für heiße Sommertage 108

Dinner for (the) one – Vier kulinarische Liebesbeweise 116

Seelentröster – Wohlfühlmenü für kalte Zeiten 124

Glanz & Gloria – Das große Finale 130

Spezial:
Back-Wahn – Auf zur großen Kaffeetafel! 140

Anhang

Rezeptübersicht 158
Impressum 160

Abenteuer, Wellness ...

„Meine Schwester Nora wäre lieber zum Freeclimben gegangen, Alex und Ina haben ihr Wellness-Wochenende verschoben und Julius seinen Pokerabend. Und wenn ich's mir recht überlege, hätte ich sie lieber ins Restaurant einladen sollen, als selbst zu kochen!"

... oder lieber faulenzen?

Dieses Buch ist für alle, die sich und ihren Freunden eine Auszeit vom Alltag verschaffen wollen – und zwar auf kulinarischem Gebiet. Denn Kochen mit „Voll Dampf kochen" ist Nervenkitzel für die Sinne und Tapetenwechsel für die Geschmacksknospen. Weil parfümiertes Lammcurry und Hibiskus-Basilikum-Pfirsich aus dem Neff Dampfbackofen so schmecken, wie Essen zu Hause noch nie geschmeckt hat. Weil grüne Bohnen und Karotten im Dampf ihre ganze Farbenpracht behalten und Zucchiniblüten ihre filigrane Form. Und es ist Fitness pur. Denn Mineralien, Nährstoffe und Vitamine werden nicht ausgewaschen, sondern bleiben da, wo sie hingehören: im Essen.

„Voll Dampf kochen" heißt 14-mal aufkochen und backen – rund ums Jahr, für Freunde und andere liebe Menschen. Und zwar einfach anders. Die Mama zum Muttertag verwöhnen geht beispielsweise ganz einfach mit „Mamma mia – ein italienisches Festessen". Aber wer sagt denn, dass es nicht auch ein Teil der Brunch-Ideen aus „Immer wieder sonntags ..." oder einfach nur der Apfel-Mandel-Kuchen aus dem „Back-Wahn" sein darf?

Zu guter Letzt wird jedes der Aroma-Menüs von Christina Richon und Werner Raith aber ein Erlebnis für denjenigen sein, der kocht. Denn gemeinsam zeigen der Spitzen-Patissier und die Siegerin unzähliger Kochwettbewerbe, wie grandios unkompliziert große Küche sein kann. Und das nicht nur, weil der Einsatz des Neff Dampfbackofens – zusätzlich zum Kochfeld – das Timing der Vorbereitungsschritte so entzerrt. Sondern auch, weil darin nichts mehr anbrennt, überkocht oder verkocht. Und deshalb ist dieses Erlebnis vor allem ein Erfolgserlebnis!

7

„Ich glaube, das ist unsere gemeinsame Leidenschaft: Aromen und Gewürze ..."

Christina Richon trifft **Werner Raith**

Werner: Dein Käsekuchen ist ja nicht von dieser Welt. Was ist das Geheimnis?

Christina: *Na ja, die Farbe und das Aroma kommen natürlich vom Safran. Ich bin ein echter Safranfan. Da dosiere ich eher an der oberen Grenze. Und dann mache ich den Käsekuchen natürlich im Dampfbackofen ...*

Werner: Ah, deshalb ist er innen so schön saftig und cremig. Für manches ist der Dampfbackofen wirklich unschlagbar.

Christina: *Wozu nimmst du ihn?*

Werner: Beim Backen für Hefeteig, Biskuit, Blätterteig ... Fisch wird auch superzart darin. Und für Gemüse sowieso. Eigentlich kann ich gar nicht alles aufzählen.

Christina: *Schade, dass es so wenige Rezepte dafür gibt. Ich gebe privat Kochkurse und werde immer öfter auf Dampfgar-Rezepte angesprochen. Aber außer Reis und Kartoffeln hat noch keiner so richtig was mit seinem Gerät gemacht.*

Werner: Wirklich bedauerlich. Im Prinzip kann man mit dem Kombidämpfer oder dem Dampfbackofen gar nichts falsch machen. Ich kenne das schon aus der Großküche oder vom Regenerieren im Hotel. Das Geniale daran: Lebensmittel behalten ihren intensiven Geschmack, und man kann sehr viele Sachen auf einmal darin zubereiten.

Christina: *Ich war auch ganz erstaunt, wie einfach es ist. Fisch, Kartoffeln und Karotten kann man zum Beispiel toll zusammen kochen. Und die Küche bleibt absolut sauber dabei.*

Werner: Das ist natürlich besonders wichtig, wenn man privat kocht …

Christina: *Na ja, mit drei Söhnen habe ich ja auch noch was anderes zu tun, als die Küche zu putzen … Aber ich finde auch, dass die Aromen sehr gut rauskommen. Das ist ja „my Style": bodenständige Küche mit exotischer Note. Ich bin gerade bei Versuchen, wie man Aromagaren kann, zum Beispiel ein Fischfilet im Dampf von Jasmintee oder einem Sud von Zitronenverbene dünsten.*

Werner: Du magst Zitronenverbene, oder?

Christina: *Ja, das ist eigentlich mein Lieblingskräutlein: schön von den ätherischen Ölen her, ohne Strenge.*

Werner: Und dein Lieblingsgewürz?

Christina: *Tonkabohne – ein altes Gewürz, das wieder aufkommt. Es enthält Cumarin, die gleiche Substanz wie Waldmeister. Ich versuche es nicht nur in „Süßes" einzubauen: zum Beispiel eine Balsamicoreduktion mit Tonkabohne zu gedünstetem Fisch – einfach göttlich! Und deine Favoriten?*

Werner: Bockshornkleesamen mag ich besonders gern: Der rundet ab und harmonisiert die pikante Küche. Dann verwende ich sehr gerne Limette, und zwar sowohl den Saft als auch den Abrieb.

Christina: *Ich glaube, das ist unsere gemeinsame Leidenschaft: Aromen und Gewürze …*

Werner: Auf jeden Fall! Ich liebe die Magie, die geschickte Aromenkombinationen entfalten. Es darf sich nur nicht aufheben …

Christina: *… sondern muss sich ergänzen. In Gerichte mit Ei gehe ich zum Beispiel mit Vanille aromatisiertes Himalaya-Salz. Super ist auch Schokolade zum Kaffee oder Tomate mit Kakao – das unterstreicht die Süße der Tomate. Oder ein wenig Kurkuma in Kuchenböden.*

Werner: Ja, das klingt gut. Komm, lass uns noch was kochen …

Christina Richon …

… hat in den letzten Jahren die renommiertesten Koch- und Backwettbewerbe Deutschlands gewonnen: unter anderem den ZEIT-Kochwettbewerb „Ein Menü für Siebeck", „Kaffee oder Tee?" des SWR und den „ARD Koch-Olymp". Seither arbeitet sie als Rezeptautorin für befreundete und bekannte Spitzenköche, Verlage und Foodzeitschriften. Die gebürtige Badenerin lebt mit Ehemann und drei Söhnen in der französischen Schweiz.

Werner Raith …

… hat in der „Traube Tonbach", Baiersbronn, einer der ersten Adressen für exquisite deutsche Küche, das Handwerk des Patissiers erlernt. Er kochte bereits für den Witzigmann Palazzo und unterrichtete bei Schuhbecks Kochschule „Am Platzl" in München. Heute teilt Werner seine Arbeitszeit auf für das vegetarische Restaurant Prinz Myshkin, ebenfalls in München, und sein „Baby", die Tortenbar www.tortenbar.de.

Voll Dampf voraus

Dampf machen – aber richtig

Ein Dampfbackofen ist zurzeit absolut angesagt. Trotzdem: Kochen oder auch Backen mit Dampf ist alles andere als eine kurzfristige Modeerscheinung. Schon seit mehr als 2000 Jahren nutzen die Chinesen diese Garmethode, und auf die sogenannten Kombidämpfer oder Konvektoren, die Dampfgaren und Heißluft verbinden, will in Hotels, Restaurants und Bäckereien schon längst keiner mehr verzichten. Mit dem Neff Dampfbackofen hält diese Profi-Technologie derzeit in immer mehr Privatküchen Einzug. Denn er vereint die Vorzüge des Dampfgarens mit den Qualitäten des einzigartigen Neff CircoTherm Heißluftsystems. Selbst Brot und Brötchen gelingen wie vom Bäcker. Fleischgerichte werden innen zart und saftig und bekommen auf Wunsch sogar eine knackige Kruste.

Die magischen 5

Für einen Neff Dampfbackofen sprechen mindestens fünf gute Gründe. Denn druckloses Dämpfen ist ...

... Fitness von innen

Mineralstoffe und Spurenelemente werden beim Dämpfen nicht im Kochwasser ausgewaschen. Dadurch leiden sogar hitzeempfindliche Vitamine wie Folsäure und Vitamin C deutlich weniger als bei anderen Zubereitungsarten. Laut HEA, dem Fachverband für Energiemarketing und -anwendung, hat Brokkoli aus dem Dampfgarer 50 Prozent mehr Vitamin C als gekochter Brokkoli. Paprika besitzt noch den gleichen Anteil an Mineralstoffen und Spurenelementen wie rohe Paprika. Beim Kochen verliert sie dagegen rund 45 Prozent dieser Vitalstoffe. Weiterer Pluspunkt: Dampfgaren schließt das Zellgefüge pflanzlicher Lebensmittel so auf, dass die Nährstoffe leicht verdaulich werden.

... (keine) Geschmackssache

Die schonende Zubereitung erhält das natürliche Aroma der Lebensmittel und verstärkt es manchmal sogar, zum Beispiel bei Karotten oder Kartoffeln. Fleisch bekommt eine tolle Kruste, bleibt im Kern saftig und zart im Biss. Die Zeiten, in denen Braten, Brot oder Kuchen innen staubtrocken wurde, sind endgültig vorbei.

... das beste Zeitmanagement

Was einmal in den Dampfbackofen geschoben ist, braucht in der Regel keine Aufsicht – erst recht nicht mit der Neff Programmautomatik. Das ist von großem Vorteil beim komplexeren Timing von Menüs: Da im Dampf keine Geschmacksübertragung stattfindet, kann Pikantes und Süßes gleichzeitig auf mehreren Ebenen gegart werden. Noch mehr Erleichterungen bieten die Funktionen Warmhalten, Regenerieren, Auftauen sowie die Neff Reinigungshilfe.

... Augenschmaus

Bei Neff Dampfgar-Geräten wird der Dampf intern über einen Muffelboden erzeugt. Der Garraum füllt sich dann vollständig mit Dampf. Weil kein Sauerstoff an die Lebensmittel kommt, bleibt die frische Farbe von Karotten, Bohnen & Co. aufs Schönste erhalten. Da dies – im Gegensatz zum Dampfdrucktopf – drucklos passiert, bleibt alles im wahrsten Sinne des Wortes auch in Top-Form.

... einfach ein sicherer Erfolg

Anbrennen? Überkochen? Austrocknen? Alles Fremdworte für den Neff Dampfbackofen. Selbst wenn die Garzeiten mal zu lange sind, verkocht kein Gemüse. Würstel platzen nicht mehr und Hefeteig geht zuverlässig auf. Selbst für Milchreis müssen nur die Zutaten einmal zusammengegeben werden, danach kann er unbeaufsichtigt bleiben. Und Brot wird knuspriger denn je. Insofern also: Gelingen garantiert!

11

Was kann der Dampfbackofen eigentlich nicht?

Zugegeben: Reis und Kartoffeln kochen sich im Dampfgarer wie von selbst. Aber nur dafür ist der Dampfbackofen viel zu schade.

Denn er kann viel, viel mehr ...

1 | Dämpfen, Pochieren & Co.
Dampfgarstufe | 40 – 100 °C

Vitamine und Aromen sagen Danke! Weil beim Dampfgaren nichts im Wasser schwimmt, wird auch nichts ausgewaschen: weder Vitamine noch Nähr- oder Geschmacksstoffe. Und es wird auch kein Druck gemacht, wie im Dampfdrucktopf. Das ist wesentlich schonender. Und die Küche bleibt sauber!
Ideal für: Reis, Kartoffeln, die meisten Hülsenfrüchte, Hirse und Grünkern, Dämpfen und Blanchieren aller Arten von Gemüse, Entsaften von Obst, süße und pikante Klöße / Knödel, Grießnockerl, Fisch, Brühwürste, Flan, Pudding und Kompott.

2 | Dampfbacken
CircoSteam | 120 – 230 °C

Hat etwas von Urlaub im Süden ... Nach einem Aufenthalt in CircoSteam sehen Fleisch, Brot oder Brötchen aus wie frisch nach dem Sonnenbad. Das besondere Neff Heißluftsystem CircoTherm in Verbindung mit Dampf verschafft ihnen einen goldbraunen, höchst appetitlichen Teint. Braten und Carrés garen sozusagen im eigenen Saft – und werden außen knusprig, innen saftig. Gebäck bekommt außen eine glänzende Oberfläche und trocknet nicht aus.
Ideal für: Brot, fast alle Braten, Aufläufe, Hefekuchen und viele andere Kuchen (siehe Profitipp Kapitel „Back-Wahn").

3 | Backen und Überbacken mit Heißluft
CircoTherm | 30 – 230 °C

Knusper, knusper ... Wenn Plätzchen satt krachen sollen und der Kuchenboden ja nicht durchfeuchten darf, ist Neff CircoTherm gefragt – wie im ganz „normalen" Neff Backofen. Bei dieser einzigartig effektiven Rundumhitze wird die Heißluft mit hoher Geschwindigkeit gezielt um die Speisen geführt. Das ermöglicht auch bei trockener Hitze Menükochen auf bis zu drei Ebenen.
Ideal für: Kartoffelgratin, Rühr-, Mürb- und Brandteige, Baiser, Eiweiß- und Spritzgebäck, Biskuit für Torten- und Kuchenböden.

4 | Garen mit Niedrig-
temperatur
Sanftgaren | 60 – 120 °C

Das Erfolgsrezept, wie jedes Fleisch auf der Zunge zergeht – und nicht umsonst der neueste Geheimtipp der Profis. So geht's: Fleischstücke erster Wahl – wie zum Beispiel Roastbeef, Entrecôte, Lammkeule oder Entenbrust – werden erst im Bräter oder der Pfanne rundum angebraten. Der Hitzeschock schließt die Poren, der kostbare Fleischsaft bleibt erhalten. Bei niedrigen Temperaturen reift dann der Braten im Dampfbackofen zur Vollendung. Das dauert seine Zeit (Lammkeule ca. 2–4 Stunden), ist aber das Warten wert! Auch kleine Schnitzel, Medaillons oder Geschnetzeltes werden bei Niedrigtemperatur auf raffinierte Weise besonders zart.
Ideal für: Roastbeef und andere zarte Stücke von Kalb, Schwein und Rind, ausgelöste Geflügelbrüste.

5 | Speisen warm halten
Warmhalten | 60 – 100 °C

Endlich unabhängig von der Pünktlichkeit der Gäste, trödelnder Schulkinder oder lang arbeitender Ehe- und Lebenspartner! Mit der Warmhaltefunktion gibt's keine Einbußen bei Aussehen und Geschmack des Essens – und hinterher keinen Stress mit den Lieben.
Ideal für alles, was, früher fertig ist, als es gegessen wird.

6 | Eier kochen
Neff Programmautomatik

Wachsweich oder hartgekocht? Für die große Frühstücksrunde oder Ostervorbereitungen ist der Dampfbackofen sozusagen das „Ei des Kolumbus" – das Wortspiel sei uns verziehen.
Ideal für Hühnereier Größe M.

7 | Essen aufwärmen
Regenerieren | 100 – 180 °C

Regenerieren, das heißt aufs Essen bezogen: zu neuem Leben erwecken. Denn schonender und gesünder aufwärmen geht nicht. Alle Speisen auf dem Teller anrichten und mit der Regenerierstufe rund eine Viertelstunde aufwärmen. Dauert zwar etwas länger als in der Mikrowelle, schmeckt dafür aber wie frisch zubereitet – und sieht auch so aus! Insofern *die* Rettung für so manches Reste-Essen – und eine echte Entlastung für Familien mit Patchwork-Essenszeiten.
Ideal für: die komplette Mahlzeit auf dem Teller, Pizza, Gemüse, Nudeln, Kartoffeln, Reis.
Tipp: Backwaren vom Vortag am besten mit 160–180 °C CircoSteam aufbacken. Auch sie werden dann wieder mehr als essbar.

13

8 | Tiefgefrorenes auftauen
Auftaustufe | 40 – 60 °C

Schneller als bei Zimmertemperatur, sanfter als mit der Mikrowelle und ganz ohne Austrocknen. Super: Da die Lebensmittel idealerweise in den gelochten Gareinsatz gelegt werden (Backblech darunter einschieben), liegen sie nicht in der Auftauflüssigkeit – insbesondere bei Geflügel und Fleisch ein hygienisches Muss! Nach der Hälfte der Zeit wenden. Wenn nötig, die Speisen zwischendurch zerteilen oder bereits aufgetaute Stücke herausnehmen. Lebensmittel nach dem Auftauen noch 5–15 Minuten zum Temperaturausgleich stehen lassen.
Ideal für tiefgefrorenes Fleisch, Fisch und Obst sowie fertige Gerichte. Brot und Gebäck lieber bei niedriger Temperatur und Heißluft auftauen. Gefrorenes Gemüse kann übrigens zusammen mit frischem Gemüse gleich auf Dampfgarstufe gegart werden.

9 | Joghurt machen
Neff Programmautomatik bzw. Dampfgarstufe | 40 °C

„Dein Joghurt ist selbst gemacht? – Wow, was du alles kannst!" Man muss den Bewunderern ja nicht verraten, wie einfach und vergleichsweise schnell die Joghurtherstellung im Neff Dampfbackofen funktioniert. Das Resultat ist extramild im Geschmack, und man weiß ganz genau, was drin ist!

10 | Haltbar machen
Neff Programmautomatik bzw. Dampfgarstufe | 100 °C

Einwecken wie zu Großmutters Zeiten, aber mit modernem Komfort: Marmelade, Kompott oder Sauergemüse werden in Gläser gefüllt und dann im heißen Dampf professionell haltbar gemacht.
Ideal für Marmelade, Kompott, Apfelmus und eingelegtes Gemüse.

11 | Sterilisieren
Neff Programmautomatik „Fläschchen desinfizieren" bzw. Dampfgarstufe | 100 °C

Sauberer wird's nicht! Ob Babyfläschchen oder Einweckgläser: Wo hundertprozentige Keimfreiheit gefragt ist, wird der Dampfbackofen zum Dampfsterilisator. Aber bitte nicht mit der Spülmaschine verwechseln: Sauber sollten die Teile schon vorher sein!
Ideal für alles, was sonst in kochendem Wasser desinfiziert werden würde: Babyfläschchen, Schnuller, Inhalationsaufsätze, Marmeladen- und Einweckgläser etc.

12 | Geschirr vorwärmen
Vorwärmen | 30 – 70 °C

Macht die Sterne-Küche zu Hause perfekt: vorgewärmte Teller, Schüsseln und (Espresso-)Tassen.

14

13 | Teig gehen lassen
Gärstufe | 30 – 40 °C

Tropisch feucht, warm und absolut
zugfrei: Das ist das Klima, bei dem Hefe,
Sauerteig- und Backferment im wahrsten
Sinne zur Hochform auflaufen.

Aromatisieren

Gewürze wie Zimtstangen,
Kardamomkapseln, Sternanis,
Zitronengras, aber auch Schalotten, Knoblauch oder Ingwer
können in die Verdampferschale gelegt werden und geben
über den Dampf ihre Aromen
an die Lebensmittel ab. Aromaküche liegt voll im Trend.

Kochen mit vier Händen – Menüs aus dem Dampfbackofen

Zeitmanagement vom Feinsten. Denn beim Jonglieren mit Vorspeisen, Hauptgericht, Beilagen und Dessert wird der Neff Dampfbackofen quasi zur Extra-Hand. Und das hat mehr als einen Grund …

Blind Date im Dampf

Der Dampf ist so eine Art Wunderwolke, die alles vereint und gleichzeitig trennt: Zum einen kann alles Mögliche zusammen darin gegart werden: Lachs mit Salzkartoffeln und Brokkoli zum Beispiel. Und dazu noch der Milchreis fürs Dessert. Gemeinsam mit dem Fisch? Ja, richtig verstanden! Denn im Dampf gibt es keine Vermischung von Aromen. Der Lachs schmeckt nach Lachs, die Kartoffeln nach Kartoffeln und das Dessert fischelt dafür kein bisschen. Versprochen!

Fürs Zeitgefühl:
Die Lebensmittel mit der längsten Garzeit kommen zuerst in den Dampf, dann folgen Schritt für Schritt alle anderen.

Beispiel:
Zuerst: Milchreis und Salzkartoffeln (Garzeit je 25 Minuten),
nach 15 Minuten: Lachs und Brokkoli (Garzeit jeweils 10 Minuten) dazugeben.
Wunderwerk der Technik: Alles wird gleichzeitig fertig.

Gute Partner	
Ganzer Blumenkohl + Pellkartoffeln	(ca. 40 Minuten)
Grüne Bohnen + Salzkartoffeln	(20–25 Minuten)
Dampfnudeln + Zwetschgenkompott	(ca. 20 Minuten)
Couscous + Karottenscheiben + Kompott	(10–20 Minuten)
Parboiled Reis + Hähnchenbrust + Möhrenscheiben	(15–20 Minuten)
Muscheln + frische Pasta	(10–15 Minuten)
Lachsfilet + Mangold oder Brokkoliröschen	(8–10 Minuten)

Alle Angaben für die Dampfgarstufe, 100 °C.

Übrigens: Wie viele Speisen gleichzeitig garen, spielt für die Garzeit keine Rolle. Und auch bei der Einschubhöhe geht's demokratisch zu: jeder nach seiner Wahl. Aber: Reifegrad und Stückgröße haben durchaus Einfluss auf die Garzeit. Beilagen sollten nicht höher als vier Zentimeter aufgeschichtet werden.

Stressfrei-Programm „Warmhalten"

Auch wenn der Milchreis erst zum Dessert warm serviert werden soll, kann er zeitgleich mit dem Rest des Essens zubereitet werden. Einfach die Hauptspeise servieren und den Reis einstweilen auf Warmhalten stellen.

Tipp: Warmhalten nimmt auch bei Braten, Königsberger Klopsen und ähnlichen Gerichten die Hektik raus. Denn egal, wie lange man an der Sauce

oder Beilage herumdoktert: Das Fleisch kühlt nicht mehr aus.

„Regenerieren" und Relaxen

Erlaubt ist, was schmeckt. Und deshalb ist es durchaus in Ordnung, mit dem Dampfbackofen aufgewärmtes Essen anzubieten. Das machen die Profis schließlich auch. Egal, ob selbst gemachte Spätzle aufgefrischt werden oder der fertig angerichtete Gemüseteller:

„Ich habe die Erfahrung gemacht, dass sich Aromen von Gewürzen und Kräutern ändern, je nachdem, wann sie in den Kochprozess kommen. Für alle Gewürze, Kräuter und Aromazutaten (zum Beispiel Zitrusschalenabrieb) gehe ich nach dem Motto vor: je später, desto besser. Das gilt vor allem dann, wenn die besonders frische Note (zum Beispiel bei Zitrusschalen, Rosmarin, Minze) herauskommen soll. Gewürze wie Lorbeer, Gewürznelke, Zimt, Sternanis etc. sollten dagegen längere Zeit mitgegart werden, weil sie nur langsam ihre ätherischen Öle abgeben."

17

Auffallen wird den Gästen höchstens die entspannte Stimmung in der Küche.

Tipps für trickreiches Timing

Die Kartoffeln um 17.00 Uhr in den Dampfbackofen schieben und um 20.00 Uhr frisch essen. Das geht, ohne zwischendurch einen weiteren Handgriff zu tun. Denn beim Neff Dampfbackofen lässt sich die Endzeit, also der Zeitpunkt, zu dem das Gericht fertig sein soll, beliebig verschieben. – Natürlich nur so weit nach hinten, dass die Lebensmittel in der Zwischenzeit nicht verderben.

Perfekt mit Programmautomatik

Im Vorteil ist, wer einen Neff Dampfbackofen mit Programmautomatik hat. Hier

Das kleine Einmaleins der Aromaküche

- Qualität kaufen. Weil der Dampfbackofen das Eigenaroma der Lebensmittel voll rausbringt. Christina Richon und Werner Raith setzen auf Saisonobst und -gemüse, fangfrischen Fisch, gutes Fleisch und „bio", wo immer es geht.
- Unverhofft kommt selten. Beim Essen viel zu selten. Deshalb locken exotische Zutaten, ungewohnte Gewürz- und Kräuterkombinationen den Gaumen aus der Reserve. Wer an seinem Wohnort nicht alles findet, geht ins Internet.
- Weniger ist mehr. Und lieber zu spät als zu früh. Das gilt fürs Würzen. Heißt im Klartext: Vor dem Dämpfen, insbesondere von Gemüse und Beilagen, sehr sparsam vor allem mit Salz und Pfeffer umgehen. Das Ergebnis zunächst probieren und erst dann abschmecken.

sind die perfekten Einstellungen für viele Gerichte gespeichert. Bei komplizierteren Abläufen – Krustenbraten, der erst Dampfgarstufe, dann CircoSteam und abschließend Heißluft braucht – schaltet der

Ofen automatisch um. Also zurücklehnen, den Ofen einfach machen lassen und selbst die Lorbeeren kassieren! **Tipp:** Lieblingsgerichte mit der Neff-Memory-Funktion speichern!

Ran an die Kronjuwelen – das richtige Equipment

Gutes Küchengerät ist ein Juwel. Das gilt auch für die Ausrüstung des Dampfbackofens. Zum Glück werden die wichtigsten „Maßanfertigungen" mitgeliefert: Roste, gelochte und ungelochte Garbehälter von Neff nutzen den ganzen Garraum vollständig aus. Sie sind garantiert rostfrei, hitze- und dampfbeständig.

Basisausrüstung, bestehend aus:

1. dem **Rost** – für Geschirr, Kuchen, Auflaufformen und Braten
2. dem **gelochtem Garbehälter**, ca. 4 cm tief, zum Dämpfen von Fisch oder größeren Mengen Gemüse, Entsaften von Beeren, Auftauen von Fleisch etc.
3. dem **Backblech** bzw. dem ungelochten Garbehälter, ca. 3 cm tief, zum Backen von Blechkuchen, Dämpfen in Flüssigkeit (Reis, Königsberger Klopse oder Ähnlichem) und Auffangen von abtropfender Flüssigkeit beim Dämpfen und Auftauen sowie von Bratensaft.

4. **kleinen gelochten und ungelochten Garbehältern**, ca. 4 cm tief, zur Zubereitung kleinerer Speisemengen.

Wer alle Möglichkeiten des Geräts restlos ausschöpfen möchte, indem er auf mehreren Ebenen arbeitet, sollte sich einen zweiten oder ähnlichen Satz zulegen (zu bestellen als Sonderzubehör beim Neff Kundendienst, zum Beispiel über www.neff.de).

Noch mehr Nützliches:

- Verschiedene feuerfeste Formen und Förmchen – für Aufläufe, Cremes, Soufflés etc.
- Diverse Backformen – es können die gewohnten Backformen verwendet werden, mit Ausnahme von Silikonformen. Sie sind für den Dampf- beziehungsweise den Kombibetrieb von Dampf und Heißluft nicht geeignet, können aber bei reiner Heißluft wie immer eingesetzt werden. Formen mit Roststellen unbedingt ausmustern – schon kleine Flecken können eine Korrosion des Garraums verursachen!
- Verschiedene Einweck- und Marmeladengläser – für alles, was im Dampf haltbar gemacht werden soll.
- Hitzebeständige Frischhaltefolie (2in1-Folie – in gut sortierten Haushaltswarengeschäften, großen Drogeriemärkten oder im Internet), zum Abdecken von selbst gemachtem Joghurt, Flan, Puddings nach englischer Façon – für alles, was sonst im Wasserbad gegart wird.
- Gewürzshopping im Internet … Christina empfiehlt:
  www.1001gewuerze.com
  Gewürze, Infos und Rezepte.
  www.uni-graz.at/~katzer/germ/
  Die Gewürzseiten von Gernot Katzer.
  www.kraeuter-und-duftpflanzen.de/ibis3/
  Alles über Kräuter und Duftpflanzen.

Sei gut zu ihm und er ist gut zu dir – Reinigung und Pflege

Selten geht es beim Kochen so sauber zu wie beim Dampfgaren. Trotzdem, vor jeder Betriebspause sollten ein paar Handgriffe erledigt werden:

- Restwasser aus der Verdampferschale entfernen
- Garraum reinigen und trocknen
- Tankschacht und Dichtung des Wassertanks trocken reiben
- Dichtung abwischen

Das mag er …	… und das nicht
• EasyClean	• Stahl- & Scheuerschwämme: Rostgefahr!
• Weiche, saugfähige Schwämme, weiche Spülbürste & Trockentücher	• Hochdruckreiniger & Dampfstrahler: Kurzschlussgefahr!
• Heiße Spüllauge & Essigwasser	
• Geschirrspüler (für Zubehör)	• Scharfe, scheuernde, ätzende oder chlorhaltige Reinigungsmittel, Backofenreiniger: Korrosionsrisiko!
• Für außen: milder Glasreiniger, Spüllauge, ggf. spezielle Edelstahlpflege	

Reinigungshilfe EasyClean

Alle Dampf-Geräte von Neff verfügen über die Reinigungshilfe EasyClean. Mit ihr lassen sich stärkere Verschmutzungen im Garraum, die durch Heißluftbetrieb, Sanftgaren oder CircoSteam entstanden sind, leicht lösen. Bei dieser Reinigungshilfe wird ein Tropfen Spülmittel in die Verdampferschale gegeben und das Programm EasyClean gewählt. Nach ca. 30 Minuten hat sich der hartnäckige Schmutz gelöst und kann mit einer weichen Spülbürste entfernt und mit einem Schwamm oder Tuch ausgewischt werden. Nach einem erneuten Füllen des Wassertanks spülen sich die Leitungen des Geräts nochmals kurz durch. So sind beim nächsten Dämpfen bestimmt keine Reinigungsmittelreste mehr im Gerät. Vor dem ersten Mal bitte unbedingt einen Blick in die Bedienungsanleitung werfen!

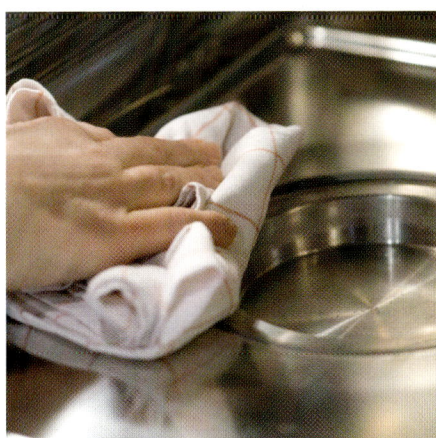

Gartabellen

Ist keine Einschubhöhe angegeben, ist die Höhe frei wählbar.

*Gerät vorheizen

¨ Fleisch vorher anbraten

GEMÜSE

Lebensmittel	Zubereitungs-hinweise	Gargeschirr	Einschub-ebene	Betriebsart	Temperatur (°C)	Garzeit (min)
Artischocken	im Ganzen	gelocht + Backblech	3 + 1	Dampfgarstufe	100	30 – 35
Blattspinat	zerpflückt	gelocht + Backblech	3 + 1	Dampfgarstufe	100	2 – 5
Blumenkohl	im Ganzen	gelocht + Backblech	3 + 1	Dampfgarstufe	100	30 – 40
Blumenkohl	Röschen	gelocht + Backblech	3 + 1	Dampfgarstufe	100	10 – 15
Brokkoli	Röschen	gelocht + Backblech	3 + 1	Dampfgarstufe	100	8 – 10
Erbsen		gelocht + Backblech	3 + 1	Dampfgarstufe	100	5 – 10
Gefülltes Gemüse (Zucchini, Aubergine, Paprika)	Gemüse nicht vorgaren	Backblech	2	CircoSteam	160 – 180	15 – 30
Grüne Bohnen		gelocht + Backblech	3 + 1	Dampfgarstufe	100	20 – 25
Kohlrabi	Scheiben	gelocht + Backblech	3 + 1	Dampfgarstufe	100	15 – 20
Lauch	Scheiben	gelocht + Backblech	3 + 1	Dampfgarstufe	100	4 – 6
Mangold*	in Streifen	gelocht + Backblech	3 + 1	Dampfgarstufe	100	8 – 10
Möhren	Scheiben	gelocht + Backblech	3 + 1	Dampfgarstufe	100	10 – 20
Pellkartoffeln	mittlere Größe	gelocht + Backblech	3 + 1	Dampfgarstufe	100	35 – 45
Salzkartoffeln	geviertelt	gelocht + Backblech	3 + 1	Dampfgarstufe	100	20 – 25
Kartoffelgratin		Backblech	2	Heißluft	170 – 180	35 – 45
Spargel, grün*	ganz	gelocht + Backblech	3 + 1	Dampfgarstufe	100	7 – 12
Spargel, weiß*	ganz	gelocht + Backblech	3 + 1	Dampfgarstufe	100	10 – 15
Tomaten enthäuten*	ganz	gelocht + Backblech	3 + 1	Dampfgarstufe	100	1 – 2
Rosenkohl	ganze Röschen	gelocht + Backblech	3 + 1	Dampfgarstufe	100	20 – 30
Rote Beete	ganz	gelocht + Backblech	3 + 1	Dampfgarstufe	100	40 – 50
Rotkohl / Blaukraut	in Streifen	gelocht + Backblech	3 + 1	Dampfgarstufe	100	30 – 35
Weißkohl / Kraut	in Streifen	gelocht + Backblech	3 + 1	Dampfgarstufe	100	25 – 35
Zucchini	Scheiben	gelocht + Backblech	3 + 1	Dampfgarstufe	100	2 – 3

HÜLSENFRÜCHTE / REIS

Lebensmittel	Zubereitungs-hinweise	Gargeschirr	Einschub-ebene	Betriebsart	Temperatur (°C)	Garzeit (min)
Naturreis	1:1,5	Backblech		Dampfgarstufe	100	30 – 40
Langkornreis	1:1,5	Backblech		Dampfgarstufe	100	20 – 30
Basmatireis	1:1,5	Backblech		Dampfgarstufe	100	20 – 30
Parboiled Reis	1:1,5	Backblech		Dampfgarstufe	100	15 – 20
Tellerlinsen	1:2	Backblech		Dampfgarstufe	100	30 – 45
Weiße Bohnenkerne vorgeweicht	1:2	Backblech		Dampfgarstufe	100	65 – 75
Couscous	1:1	Backblech		Dampfgarstufe	100	6 – 10
Grünkern, geschrotet	1:2,5	Backblech		Dampfgarstufe	100	15 – 20
Hirse, ganz	1:2,5	Backblech		Dampfgarstufe	100	25 – 35
Weizen, ganz	1:1	Backblech		Dampfgarstufe	100	60 – 70

FLEISCH

Lebensmittel	Zubereitungs-hinweise	Gargeschirr	Einschub-ebene	Betriebsart	Temperatur (°C)	Garzeit (min)
Tafelspitz	1 kg	Backblech	2	Dampfgarstufe	95 – 100	100 – 120
Filet im Blätterteig	1 – 1,5 kg	Backblech	2	CircoSteam	180 – 200	40 – 60
Krustenbraten (Schweinebraten mit Schwarte)	1,5 kg	Rost + Backblech	2	1) Dampfgarstufe 2) CircoSteam 3) Heißluft	100 140 – 160 210 – 220	20 – 25 40 – 50 20
Schweinebraten (Hals / Schulter)	1,5 kg	Rost + Backblech	2	CircoSteam	170 – 180	70 – 80
Kassler	1,3 kg	Rost + Backblech	2	CircoSteam	120 – 140	70 – 80
Rollbraten	1,5 kg	Rost + Backblech	2	CircoSteam	170 – 180	70 – 80
Rinderbraten	1,5 kg	Rost + Backblech	2	CircoSteam	140 – 160	70 – 110
Roastbeef (medium)¨	1,5 kg	Rost + Backblech	2	Heißluft	170 – 180	40 – 60
Kalbsbraten	1 – 1,5 kg	Rost + Backblech	2	CircoSteam	160 – 180	50 – 70
Kalbslende¨	0,7 – 0,8 kg	Rost + Backblech	2	CircoSteam	160 – 180	15 – 25
Gefüllte Kalbsbrust	1,5 – 2,0 kg	Rost + Backblech	2	CircoSteam	140 – 160	75 – 120
Rehrücken¨	0,6 – 0,8 kg	Rost + Backblech	2	CircoSteam	150 – 170	15 – 30
Lammkeule	1,0 – 1,5 kg	Rost + Backblech	2	CircoSteam	170 – 180	60 – 80
Brühwürste		Backblech	2	Dampfgarstufe	90	10 – 15

GEFLÜGEL

Lebensmittel	Zubereitungs-hinweise	Gargeschirr	Einschub-ebene	Betriebsart	Temperatur (°C)	Garzeit (min)
Hähnchen (ganz)	1 kg	Rost + Backblech	2	CircoSteam	180 – 190	50 – 60
Hähnchenbrust	à 150 g	Rost + Backblech	2	Dampfgarstufe	100	15 – 25
Hähnchenschenkel	à 120 g	Rost + Backblech	2	CircoSteam	180 – 200	20 – 35
Ente (ganz)	2 kg	Rost + Backblech	2	1) CircoSteam 2) Heißluft	170 210	60 – 80 15 – 20
Entenbrust	à 350 g	Rost + Backblech	2	Heißluft	160 – 180	10 – 15

FISCH

Lebensmittel	Zubereitungs-hinweise	Gargeschirr	Einschub-ebene	Betriebsart	Temperatur (°C)	Garzeit (min)
Dorade	à 300 g	gelocht + Backblech	3 + 1	Dampfgarstufe	80 – 90	15 – 25
Doradenfilet	à 150 g	gelocht + Backblech	3 + 1	Dampfgarstufe	80 – 90	10 – 20
Fischterrine		Rost	2	Dampfgarstufe	70 – 80	40 – 80
Forelle (ganz)	à 200 g	gelocht + Backblech	3 + 1	Dampfgarstufe	80 – 90	12 – 15
Lachsfilet	à 150 g	gelocht + Backblech	3 + 1	Dampfgarstufe	100	8 – 10
Muscheln	1,5 kg	Backblech	2	Dampfgarstufe	100	10 – 15
Rotbarschfilet	à 150 g	gelocht + Backblech	3 + 1	Dampfgarstufe	80 – 90	10 – 20
Seezungenröllchen, gefüllt		gelocht + Backblech	3 + 1	Dampfgarstufe	80 – 90	10 – 20

SANFTGAREN

Lebensmittel	Zubereitungs-hinweise	Gargeschirr	Einschub-ebene	Betriebsart	Temperatur (°C)	Garzeit (min)
Lammkeule*¨	1,0 – 1,5 kg	Backblech	2	Sanftgaren	80	140 – 160
Roastbeef*¨	1,5 – 2,5 kg	Backblech	2	Sanftgaren	80	150 – 180
Entrecôte*¨		Backblech	2	Sanftgaren	70	25 – 40
Steaks*¨		Backblech	2	Sanftgaren	80	40 – 60

AUFLÄUFE, PUDDINGS, SUPPENEINLAGEN

Lebensmittel	Zubereitungs-hinweise	Gargeschirr	Einschub-ebene	Betriebsart	Temperatur (°C)	Garzeit (min)
Lasagne	Backblech	Backblech	2	CircoSteam	160 – 170	35 – 45
Soufflé	in Förmchen	gelocht, Rost	2	CircoSteam	180 – 200	15 – 25
Gemüsepudding, -flan	Wasserbadform, 1,5 l	gelocht, Rost	2	Dampfgarstufe	100	35 – 45
Klöße		gelocht + Backblech	3 + 1	Dampfgarstufe	95	20 – 25
Eierstich		Backblech	2	Dampfgarstufe	90	15 – 20
Grießnockerl		gelocht + Backblech	3 + 1	Dampfgarstufe	90 – 95	7 – 10

DESSERTS

Lebensmittel	Zubereitungs-hinweise	Gargeschirr	Einschub-ebene	Betriebsart	Temperatur (°C)	Garzeit (min)
Germknödel		Backblech	2	Dampfgarstufe	100	20 – 25
Crème caramel	in Förmchen	gelocht, Rost	2	Dampfgarstufe	90 – 95	15 – 20
Süßer Auflauf		Auflaufform	2	CircoSteam	160 – 170	50 – 60
Milchreis	Verhältnis Reis zu Milch 1:2,5	Backblech	2	Dampfgarstufe	100	25 – 35
Apfelkompott	Kompott: Früchte abwiegen und ca. ⅓ der Menge an Wasser und Zucker zugeben	Backblech	2	Dampfgarstufe	100	10 – 15
Birnenkompott		Backblech	2	Dampfgarstufe	100	10 – 15
Kirschkompott		Backblech	2	Dampfgarstufe	100	10 – 15
Rhabarberkompott		Backblech	2	Dampfgarstufe	100	10 – 15
Zwetschgenkompott		Backblech	2	Dampfgarstufe	100	15 – 20

KUCHEN UND GEBÄCK

Lebensmittel	Zubereitungs-hinweise	Gargeschirr	Einschub-ebene	Betriebsart	Temperatur (°C)	Garzeit (min)
Rührkuchen		Kastenform	2	Heißluft	150 – 160	60 – 70
Tortenboden aus Rührteig	Am besten geeignet sind dunkle Backformen aus Metall. Temperatur und Garzeit sind abhängig von Menge und Beschaffenheit des Teiges. Daher sind Temperatur-bereiche angegeben. Zuerst niedrigere Temperatur wählen. Backblech nicht zu dicht belegen.	Obstbodenform	2	Heißluft	150 – 160	30 – 45
Rührkuchen mit trockenem Belag		Springform	2	Heißluft	150 – 160	45 – 55
Kuchen mit Boden aus Mürbeteig		Springform	2	Heißluft	150 – 160	40 – 50
Apfeltarte		Tarteform	2	Heißluft	170 – 190	35 – 50
Biskuitrolle		Backblech	2	Heißluft	180 – 200	10 – 15
Biskuittorte (3 Eier)		Springform	2	Heißluft	150 – 160	25 – 35
Brot (1 kg)		Backblech	2	CircoSteam	1) 200 – 210 2) 160 – 170	10 – 15 25 – 35
Brötchen (Rohlinge à 100 g)		Backblech	2	CircoSteam	190 – 200	25 – 30
Hefezopf (500 g Mehl)		Backblech	2	CircoSteam	150 – 160	25 – 35
Hefenapfkuchen		Gugelhupfform	2	CircoSteam	150 – 160	35 – 45
Obstkuchen aus Hefeteig		Backblech	2	Heißluft	150 – 160	35 – 45
Quiche, Wähe			2	Heißluft	180 – 190	50 – 60
Zwiebelkuchen		Backblech	2	CircoSteam	170 – 180	30 – 40

KLEINGEBÄCK

Lebensmittel	Zubereitungs-hinweise	Gargeschirr	Einschub-ebene	Betriebsart	Temperatur (°C)	Garzeit (min)
Plätzchen		Backblech	2	Heißluft	150 – 160	12 – 17
			2 + 4	Heißluft	150 – 160	12 – 17
Baiser		Backblech	2	Heißluft	80 – 90	120 – 180
			2 + 4	Heißluft	80	180 – 200
Makronen		Backblech	2	Heißluft	140 – 160	15 – 25
			2 + 4	Heißluft	140 – 150	20 – 25
Blätterteig		Backblech	2	CircoSteam	170 – 190	10 – 20
			2 + 4	CircoSteam	170 – 180	20 – 25
Windbeutel		Backblech	2	Heißluft	170 – 190	27 – 35
Spritzgebäck		Backblech	2	Heißluft	150 – 160	15 – 20

REGENERIEREN

Lebensmittel	Zubereitungs-hinweise	Gargeschirr	Einschub-ebene	Betriebsart	Temperatur (°C)	Garzeit (min)
auf Teller angerichtete Speisen		Rost	2	Regenerieren	120	12 – 18
Gemüse		Backblech	3	Regenerieren	100	12 – 15
Stärkebeilagen		Backblech	3	Regenerieren	100	5 – 10
Brötchen	Gerät 5 Min. vorheizen	Rost	2	CircoSteam	170 – 180	6 – 8
Baguette		Rost	2	CircoSteam	170 – 180	5 – 10
Brot		Rost	2	CircoSteam	170 – 180	8 – 12
Pizza		Rost	2	Regenerieren	170 – 180	12 – 15

AUFTAUEN

Lebensmittel	Zubereitungs-hinweise	Gargeschirr	Einschub-ebene	Betriebsart	Temperatur (°C)	Garzeit (min)
Hähnchen (1000 g)	Geflügel vor dem Auftauen aus der Packung nehmen. Lebensmittel nach dem Auftauen noch 5–15 Min. zum Temperatur-ausgleich stehen lassen.	gelocht + Backblech	3 + 1	Auftauen	45 – 50	60 – 70
Hähnchenkeulen (400 g)		gelocht + Backblech	3 + 1	Auftauen	45 – 50	30 – 35
im Block gefrorenes Gemüse (z. B. Spinat) (400 g)		gelocht + Backblech	3 + 1	Auftauen	45 – 50	20 – 30
Beerenobst (300 g)		gelocht + Backblech	3 + 1	Auftauen	45 – 50	5 – 8
Fischfilet (400 g)		gelocht + Backblech	3 + 1	Auftauen	45 – 50	15 – 20
Gulasch		gelocht + Backblech	3 + 1	Auftauen	45 – 50	40 – 50
Rinderbraten		gelocht + Backblech	3 + 1	Auftauen	45 – 50	70 – 80

GÄREN

Lebensmittel	Zubereitungs-hinweise	Gargeschirr	Einschub-ebene	Betriebsart	Temperatur (°C)	Garzeit (min)
Hefeteig (1 kg)	Teig nicht abdecken	Schüssel	2	Gären	40	20 – 30
Sauerteig (1 kg)		Schüssel	2	Gären	40	20 – 30

Mamma mia

Christina Richon

EIN ITALIENISCHES FESTESSEN 32

Zucchinisuppe mit Feigen-Gremolata 33

Marsala-Kalbsbraten mit Rosmarinkarotten
und Safran-Kartoffelbrei 35

Neapolitanische Eistorte 37

Veronika, der Lenz ist da

Christina Richon

EIN FRÜHLINGSMENÜ 52

Kohlrabi-Millefeuilles mit Seezungenfarce 53

Kaninchenfilet auf Rhabarbergemüse mit Grünkernrisotto 54

Kardamomparfait auf Erdbeercarpaccio mit Gewürzsirup 57

28

Veggie-Voodoo

Werner Raith

BUFFET (NICHT NUR) FÜR ÜBERZEUGTE VEGETARIER 38

Pikante Kichererbsenbällchen mit Limettendip 40

Erbsen-Minz-Süppchen 41

Linguine mit Petersilienpesto 43

Gefüllte Zucchinicrêpes 46

Buchweizennockerln mit Rote-Bete-Sauce und Sprossensalat 48

Hibiskus-Basilikum-Pfirsich 50

Passt scho'

Werner Raith

BAYRISCHE GEMÜTLICHKEIT IN DREI GÄNGEN 58

Salat mit Speck-Dampfnudel 59

Schweinefilet mit Brezenknödel und Pfifferlingsauce 61

Kaiserschmarrn mit Zwetschgenröster und
karamellisierten Apfelspalten 62

Bangkok-Express

Christina Richon

GEHT SCHNELL – SCHMECKT GUT 64

Schneller Thai-Salat 66

Exotische Früchteminestrone 67

Mariniertes Rinderfilet mit Papaya und Jasminreis 68

Immer wieder sonntags ...

Werner Raith

... AUF DER TERRASSE 70

Cocktail „Happy Sunday" 62

Thunfischtatar 73

Gemüseterrine mit Avocadocreme 74

Kalbsragout in Tomaten-Sardellen-Sauce 77

Crème brulée 78

Aladins Entzücken

Christina Richon

ORIENTALISCHES PICKNICK 80

Joghurt-Minz-Traum 81

Auberginenpüree 82

Humous – Kichererbsenpüree 82

Reissalat „1001 Nacht" 85

Orientalische Hähnchenflügel 86

Marokkanische Lammbällchen 90

Minze-Tomaten-Salat auf Bulgur 91

Grießkuchen mit Grapefruit-Kardamom-Sirup 93

Orangenpudding 94

Pumpkin, Duck & mehr ...

Werner Raith

RUND UM DEN KÜRBIS 96

Kürbissalat 97

Ente mit Maroni-Kürbis-Füllung 98

Kürbismousse mit Traubenragout 101

29

¡Café olé!

Christina Richon

MENÜ FÜR KAFFEEFREAKS 102

Salat mit Kaffeevinaigrette und Orangenduft 103

Zanderfilet mit Espresso-Grappa-Schaum und Rucola-Nudeln 105

Cappuccino-Flan 106

Dinner for (the) one

Christina Richon

VIER KULINARISCHE LIEBESBEWEISE 116

Cocktail „Deep Red" 118

Streicheleinheit von Karotte, Mango & Co. 119

Parfümiertes Lammcurry 121

Rosentiramisu mit Litschis und Himbeeren 122

Hitzefrei

Werner Raith

MENÜ FÜR HEISSE SOMMERTAGE 108

Gazpacho 108

Gefüllte Zucchiniblüten mit Jakobsmuscheln 111

Hähnchenfilet mit Äpfeln und Ingwer-Orangen-Sauce 112

Limettensoufflé mit Ananasparfait und Himbeeren 115

Seelentröster

Werner Raith

WOHLFÜHLMENÜ FÜR KALTE ZEITEN 124

Rote-Bete-Suppe mit Wasabi und Eierstichrauten 125

Rehrücken mit Walnuss-Pilz-Kruste und Selleriepüree 126

Gewürzter Schokoladenkuchen mit eingelegten Bananen 129

Glanz & Gloria

Christina Richon

DAS GROSSE FINALE 130

Mandelsuppe mit Feige 131

Jakobsmuscheln mit Lavendel-Kirsch-Sauce
und Karottenpüree 132

Granatapfel-Granité 134

Gewürzentenbrust mit Orangen-Pflaumenwein-Sauce und
Gemüsetürmchen 136

Limetten-Kokos-Flan mit Rosa-Pfeffer-Suppe 139

Back-Wahn

AUF ZUR GROSSEN KAFFEETAFEL! 140

Christina Richon

Cranberry-Whisky-Muffins 141

Jasmin-Pistazien-Schnecken 142

Safran-Cheesecake mit Himbeeren 145

Polentakuchen mit Sanddorn-Birnen 146

Karibischer Süßkartoffelpudding mit Kokossahne 149

Erdnuss-Kokos-Schichttorte 150

Werner Raith

Apfel-Mandel-Kuchen 152

Blutorangentarte 153

Früchte-Gugelhupf 155

Dattel-Feigen-Kuchen 156

Süße Beerentee-Raute 157

31

Mamma mia

EIN ITALIENISCHES FESTESSEN

Zucchinisuppe mit Feigen-Gremolata

Marsala-Kalbsbraten mit Rosmarinkarotten
und Safran-Kartoffelbrei

Neapolitanische Eistorte

[Menü für 6 Personen]

Zucchinisuppe mit Feigen-Gremolata

ZUCCHINISUPPE
500 g Zucchini
2 Zwiebeln
2 EL Olivenöl
700 ml Gemüsebrühe
1 frisches Lorbeerblatt
Kräutersalz
schwarzer Pfeffer aus der Mühle
etwas Muskatnuss und Zucker
6 EL Crème fraîche

FEIGEN-GREMOLATA
½ Bio-Zitrone
4 getrocknete Feigen
1 Bund glatte Petersilie
1 kleine Knoblauchzehe
40 g geriebener Parmesan
abgeriebene Schale von ½ Bio-Orange
1 Prise Salz
einige Spritzer Tabasco

Für die Suppe Zucchini waschen und in dünne Scheiben schneiden. Zwiebeln schälen und grob zerkleinern. Olivenöl in einem Topf erhitzen, Zucchinischeiben und Zwiebeln darin anbraten. Mit Gemüsebrühe ablöschen, Lorbeerblatt dazugeben und zugedeckt 15 Minuten köcheln lassen. Lorbeerblatt entfernen. Suppe im Mixer fein pürieren. Wieder zurück in den Topf geben und die Suppe mit Kräutersalz, Pfeffer, geriebenem Muskat und etwas Zucker abschmecken. Zum Schluss die Crème fraîche unterrühren. Für die Gremolata mit einem Sparschäler das Gelbe der Zitronenschale abschälen. Zitrone auspressen. Zitronenschale und -saft, Feigen, Petersilie, Knoblauchzehe, Parmesan und Orangenschalenabrieb im Mixer grob zerkleinern. Mit wenig Salz und Tabasco abschmecken. Suppe in vorgewärmte Teller geben und mit der Feigen-Gremolata bestreuen.

TIPP: Die Suppe eignet sich hervorragend zur Zubereitung auf dem Induktionskochfeld.

Marsala-Kalbsbraten mit Rosmarinkarotten und Safran-Kartoffelbrei

BRATEN
2 EL Olivenöl
abgeriebene Schale von 1 Bio-Zitrone
2 EL Marsala (italienischer Dessertwein)
Kräutersalz
schwarzer Pfeffer aus der Mühle
etwas zerstoßene Muskatblüte
1,2 kg Kalbsbraten, aus der Schulter
2 Zwiebeln, gewürfelt
1 junge Knoblauchzehe, grob gehackt
300 ml Kalbsfond

ROSMARINKAROTTEN
1 kg kleine Bundkarotten
2 EL Olivenöl
1 Zweig Rosmarin
Salz

SAFRAN-KARTOFFELBREI
800 g mehlig kochende Kartoffeln
150 ml Schlagsahne
1 Döschen gemahlener Safran (0,1 g)
Salz
etwas Muskatnuss
2 EL geröstete Pinienkerne

MARSALASAUCE
60 ml Marsala
2 EL kalte Butter
etwas abgeriebene Schale
von 1 Bio-Zitrone

Für den Braten zunächst eine Marinade aus Olivenöl, Zitronenschalenabrieb, Marsala, Kräutersalz, Pfeffer und Muskatblüte herstellen. Das Fleisch damit rundhorum einstreichen und 1 Stunde ziehen lassen. Gewürfelte Zwiebel und gehackten Knoblauch in einen ungelochten Garbehälter legen und den Kalbsbraten daraufsetzen. Kalbsfond dazugeben und bei 210 °C, CircoSteam, 1. Rille von unten, 15 Minuten garen. Tempera-

Für die Rosmarinkarotten Bundkarotten putzen und auf einen ungelochten Garbehälter legen. Mit Olivenöl beträufeln, mit Rosmarinnadeln bestreuen und salzen. Auf der 1. Rille von unten

Für den Kartoffelbrei in der Zwischenzeit die Kartoffeln schälen, vierteln und in kochendem Salzwasser ca. 20 Minuten garen. Kartoffeln abgießen, 5 Minuten ausdampfen lassen und durch eine Kartoffelpresse drücken. Sahne mit 150 ml Wasser aufkochen, Safran

Für die Sauce den Bratenfond mit den Zwiebel- und Knoblauchwürfeln durch ein Sieb in einen Kochtopf streichen. Marsala dazugeben und kurz aufkochen lassen. Kalte Butter mit einem Stabmixer unterrühren und die Sauce mit etwas Zitronenschale abschmecken.

tur auf 150 °C reduzieren und auf der 3. Rille ca. 50 Minuten weitergaren. Braten im ausgeschalteten Ofen 10 Minuten ruhen lassen und warm halten.

während der letzten 15 Minuten mit dem Fleisch mitgaren (Garzeit hängt von der Größe der Karotten ab). Bratenfond für die Sauce verwenden.

zugeben, unter die Kartoffeln rühren und mit Salz und Muskat abschmecken. Kartoffelbrei mit den gerösteten Pinienkernen garnieren.

Neapolitanische Eistorte

Für eine Form von ca. 1 l Inhalt

120 g Amaretti (Mandelmakronen)
450 g Sahne
90 g Puderzucker
abgeriebene Schale von je
½ Bio-Zitrone und Bio-Orange
3 EL Grand Marnier (Orangenlikör)

Amaretti im Mixer fein zerkrümeln. Sahne steif schlagen, Puderzucker, Zitronen- und Orangenschalenabrieb sowie den Orangenlikör untermischen. ⅔ der zerkrümelten Amaretti unterziehen. Masse in die Form geben und zugedeckt mindestens 5 Stunden gefrieren lassen.

Die Eistorte 30 Minuten vor dem Servieren aus dem Gefriergerät nehmen, aus der Form lösen und mit den restlichen Amaretti-Krümeln bestreuen.
Dazu passen Früchte der Saison, z.B. frische Himbeeren, Orangenfilets, Granatäpfel oder frische Feigen.

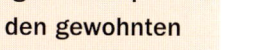

Nur Mut zu Rezepten à la mamma!
Das Apfelstrudelrezept von Muttern oder die neuesten Gemüsekreationen aus einer Genießerzeitschrift: Auch wenn (noch) keine Angaben zum Dampfbackofen dabei sind, heißt das nicht, dass man diese Dinge nicht darin zubereiten kann. Für eigene Rezepte aus dem Dampfbackofen gelten folgende Faustregeln: Dampfgarzeiten entsprechen den gewohnten Kochzeiten. Bei CircoSteam, also dem Dampfbacken, sind die Garzeiten etwas verkürzt. Einfach ausprobieren: Da im Neff Dampfbackofen garantiert nichts verkocht oder anbrennt, kann auch nicht viel schiefgehen!

37

Veggie-Voodoo

BUFFET (NICHT NUR) FÜR ÜBERZEUGTE VEGETARIER

Pikante Kichererbsenbällchen mit Limettendip

Erbsen-Minz-Süppchen

Linguine mit Petersilienpesto

Gefüllte Zucchinicrêpes

Buchweizennockerln mit Rote-Bete-Sauce und Sprossensalat

Hibiskus-Basilikum-Pfirsich

[Gesamtes Buffet reicht für 8 Personen.]

Pikante Kichererbsenbällchen mit Limettendip

Foto auf Seite 39

KICHERERBSENBÄLLCHEN

250 g Kichererbsen

1 Zwiebel, fein gehackt

1 Knoblauchzehe, fein gehackt

2 Scheiben Ingwer, fein gehackt

2 EL fein geschnittene Petersilie

2 EL fein geschnittener frischer Koriander

1 Ei

Salz | schwarzer Pfeffer aus der Mühle

250 ml neutrales Öl (z. B. Erdnuss- oder Traubenkernöl), je nach Topfgröße

LIMETTENDIP

150 g Naturjoghurt

150 g Crème fraîche

Saft und abgeriebene Schale von 1 Bio-Limette

20 g Ahornsirup

1 TL scharfer Senf

Salz | schwarzer Pfeffer aus der Mühle

ACHTUNG: Am Vortag beginnen! Kichererbsen in eine Schüssel geben und über Nacht in kaltem Wasser einweichen. Am nächsten Tag abtropfen lassen und im Mixer pürieren.
Die fein gehackte Zwiebel in etwas Öl glasig andünsten. Das Kichererbsenpüree mit den gedünsteten Zwiebeln, Knoblauch, Ingwer, den Kräutern und dem Ei gründlich vermischen und mit Salz und Pfeffer abschmecken.

Walnussgroße Bällchen formen. Im heißen Öl ca. 10 Minuten goldgelb frittieren. Herausnehmen und auf Küchenpapier abtropfen lassen.

Naturjoghurt, Crème fraîche, Limettensaft und Limettenschalenabrieb, Ahornsirup und Senf verrühren und mit Salz und Pfeffer abschmecken.

Den Limettendip zu den Kichererbsenbällchen reichen.

Erbsen-Minz-Süppchen

300 g Erbsen, tiefgefroren
100 g Zuckerschoten
1 Zwiebel
1 Knoblauchzehe
2 Scheibchen Ingwer
65 g Butter
1 Msp. Palmzucker (Bioladen)
½ l Gemüsebrühe
Salz
schwarzer Pfeffer aus der Mühle
etwas Muskatnuss
je 1 TL fein gehackte Minze und Petersilie
100 g Sahne, halb steif geschlagen
4 ganze Minzeblättchen

Von den Erbsen 2 EL und von den Zuckerschoten 4 Schoten beiseitestellen.

Zwiebel, Knoblauch und Ingwer schälen und fein würfeln. In 25 g Butter hell andünsten. Erbsen, Zuckerschoten und den Palmzucker in den ungelochten Garbehälter geben, Zwiebel, Knoblauch und Ingwer zugeben. Gemüsebrühe bis auf einen kleinen Rest zugießen und alles 20 Minuten bei 100 °C, Dampfgarstufe, garen. Die Suppe in ein hohes Gefäß umfüllen. Mit dem Stabmixer pürieren und mit Salz, Pfeffer und frisch geriebener Muskatnuss abschmecken.

In einem Topf die restliche Butter bräunen. Die beiseitegestellten Erbsen und die in feine Streifen geschnittenen Zuckerschoten kurz darin anbraten, salzen und pfeffern. Mit 2 EL Gemüsebrühe ablöschen und 1 bis 2 Minuten dünsten.
Die pürierte Suppe zugießen und erhitzen. Gehackte Minze und Petersilie einstreuen und die Suppe nochmals mit Salz und Pfeffer abschmecken.
Suppe in Schalen oder Tellern anrichten und 1 Klacks geschlagene Sahne darübergeben. Mit 1 Minzeblatt garnieren und sofort servieren.

Linguine mit Petersilienpesto

1 Bund glatte Petersilie
10 Stängel frischer Koriander
50 g Mandelblättchen
30 g Kürbiskerne
1 kleine Knoblauchzehe
1 Stück frischer Ingwer (1 cm)
etwas abgeriebene Schale
von 1 Bio-Limette
100 g Parmesan, die Hälfte gerieben,
die andere Hälfte gehobelt
175 ml Olivenöl
Salz | schwarzer Pfeffer aus der Mühle
500 g Linguine

Petersilie und Koriander waschen und trocken schütteln. Blätter von den Stängeln zupfen. Mandelblättchen und Kürbiskerne in einer Pfanne ohne Fett kurz anrosten. Abkühlen lassen. Kräuter, Mandeln und Kürbiskerne zusammen mit dem Knoblauch, Ingwer, Limettenenschalenabrieb und geriebenen Parmesan in einem Mixer mit der Hälfte des Olivenöls pürieren. Nach und nach bei laufendem Motor das restliche

Olivenöl zugeben, sodass das Pesto eine sämige Konsistenz bekommt. Wenn nötig, die Masse gelegentlich von den Seiten nach unten schieben. Pesto mit Salz und Pfeffer abschmecken.

Linguine in reichlich Salzwasser bissfest kochen und mit dem Pesto vermischen. Mit gehobeltem Parmesan bestreuen und sofort servieren.

43

■ Pasta aus dem Dampfbackofen? – Si, si, si!

Weltweit sind mehrere Hundert Nudelsorten im Angebot – und die Anzahl der Rezepte scheint unendlich. Die gute Nachricht: Im Dampfbackofen geht (fast) alles.

• Für frische Pasta und gefüllte Nudeln aus dem Kühlregal sind 100 °C, Dampfgarstufe, die erste Wahl. Eben aus dem Kühlschrank genommen, dauert es 5–10 Minuten, bis sie warm sind. Gnocchi aus dem Kühlregal werden superlocker und überhaupt nicht klebrig, wenn Sie den gelochten Gareinsatz leicht einölen und die Gnocchi einlagig darauf verteilen.

• Wer auf Lasagne, Cannelloni oder Rigatoni al forno steht, ist mit 160–170 °C, CircoSteam, auf der sicheren Seite. Der Käse zerläuft wunderbar, und hart gebackene Nudeln gehören der Vergangenheit an.

• Nudeln aus Trockenware sollte man besser im Topf kochen. Damit die Pasta so richtig schön „al dente" wird, muss sie in reichlich gesalzenem Wasser schwimmen.

Gefüllte Zucchinicrêpes

CRÊPES
400 g Zucchini
3 Eier | 100 g Mehl
3 EL gehackte Petersilie
etwas Muskatnuss
Salz | etwas Cayennepfeffer und Kurkuma
80 g Butter

FÜLLUNG
1 Aubergine (ca. 300 g)
1 Paprika
1 Zwiebel, fein gehackt
2 EL Öl | 3 EL Tomatenmark
100 g Schafskäse, gewürfelt
Salz | schwarzer Pfeffer aus der Mühle
1 TL getrockneter Oregano

Die Zucchini waschen, fein reiben und in einem Küchentuch kräftig ausdrücken. Eier, Mehl und 5 EL Wasser zugeben und gut verrühren. Gehackte Petersilie zugeben und mit geriebener Muskatnuss, Salz, Cayennepfeffer und Kurkuma abschmecken.

Aubergine waschen, vom Stielansatz befreien und in kleine Würfel schneiden. Paprika vom Stielansatz, den Samen und Scheidewänden befreien, ebenfalls in kleine Würfel schneiden und zusammen mit den Auberginen und der gehackten Zwiebel im Öl 5 Minuten kräftig anbraten.

Etwas Butter in einer beschichteten Pfanne zerlassen. Eine kleine Schöpfkelle Teig – je nach Pfannengröße – hineingeben, möglichst dünn ausstreichen und eine goldgelbe Crêpe ausbacken. Mit dem übrigen Teig auf dieselbe Weise verfahren.

Tomatenmark unterrühren, den Schafskäse zugeben und mit Salz, Pfeffer und Oregano abschmecken.
Die Füllung auf den Crêpes verteilen und die Crêpes einrollen. Crêpes schräg halbieren und auf einem vorgewärmten Teller anrichten.

Buchweizennockerln mit Rote-Bete-Sauce und Sprossensalat

BUCHWEIZENNOCKERLN
200 g Buchweizen | ½ l Gemüsebrühe
1 Zwiebel | 1 Karotte | 1 Knoblauchzehe
1 Stück frischer Ingwer | etwas Öl | 2 Eier
2 TL Dijonsenf | 1 TL gewaschene Kapern
5 EL fein gehackte gemischte frische
Kräuter (z. B. Majoran, Rosmarin, Thymian,
Liebstöckel, Bockshornklee)

etwas Butter zum Einfetten

Den Buchweizen grob mahlen und in einem Topf ca. 4 Minuten anrösten. Mit Gemüsebrühe ablöschen und 20 Minuten quellen lassen.
Zwiebel, Karotte, Knoblauch und Ingwer fein hacken und im Öl andünsten. Mit den Eiern, Senf, Kapern und den gehackten Kräutern zum Buchweizen geben und alles rasch zu einem zähen Brei verrühren.
Mit zwei Esslöffeln Nockerln formen, auf einen gebutterten gelochten Gareinsatz legen und bei 160 °C, CircoSteam, ca. 15 Minuten garen.

ROTE-BETE-SAUCE

300 g Rote Bete

100 g Kartoffeln, geschält und gewürfelt

250 ml Gemüsebrühe

1 TL Dijonsenf

Saft von ½ Limette

100 ml Kokosmilch

1 EL gehackter frischer Koriander

etwas Wasabipaste (nach Belieben)

Salz | schwarzer Pfeffer aus der Mühle

Rote Bete schälen und würfeln. In einen ungelochten Gareinsatz geben und bei 100 °C, Dampfgarstufe, ca. 30 Minuten weich garen. Die Kartoffeln in einen halben ungelochten Gareinsatz geben, Gemüsebrühe zugießen und nach 10 Minuten zur Roten Bete geben. Rote Bete und Kartoffeln herausnehmen, durch eine Kartoffelpresse drücken oder im Mixer grob pürieren.

Senf, Limettensaft, Kokosmilch, Koriander und evtl. Wasabipaste zugeben und mit Salz und Pfeffer abschmecken.

Die Sauce zu den Buchweizennockerln reichen.

SPROSSENSALAT

100 g Sprossen, selbst gezogen oder gekauft

Salat und Kräuter der Saison, z. B.

1 kleiner Kopfsalat sowie je

ca. 24 Blätter von Sauerampfer, Löwenzahn, Brunnenkresse und Basilikum

einige Blüten von Gänseblümchen oder Löwenzahn

Den Salat und die Kräuter waschen und trocken schütteln.

Für das Dressing alle Zutaten gründlich verrühren und mit dem Salat mischen. Mit den Blüten dekorativ verzieren.

DRESSING

80 ml Gemüsebrühe

1 EL Rotweinessig | 1 EL Balsamico-Essig

1 Spritzer Sherry | 2 EL Olivenöl

1 EL Walnussöl | 1 EL Ahornsirup

½ Knoblauchzehe, fein gehackt

etwas Ingwer, fein gehackt

Salz | schwarzer Pfeffer aus der Mühle

Hibiskus-Basilikum-Pfirsich

15 Basilikumblätter

4 (Tee-)Beutel Hibiskustee

200 ml trockener Weißwein

80 g Blütenhonig

1 Vanilleschote, Mark ausgelöst, Schote in kleine Stücke geschnitten

2 EL Grand Marnier (Orangenlikör)

4 Pfirsiche, am besten weiße

ACHTUNG: Mit den Pfirsichen am Vortag beginnen!

10 Basilikumblätter und die Teebeutel mit 1 Tasse kochendem Wasser übergießen und 10 Minuten ziehen lassen. Den Tee abseihen und in einen ungelochten Garbehälter geben. Weißwein, Honig, Vanillemark und -schote sowie den Orangenlikör untermischen.

Pfirsiche halbieren und entsteinen. Mit der Schnittstelle nach unten bei 100 °C 2 Minuten dämpfen. Sofort mit kaltem Wasser abschrecken, die Haut abziehen und die Pfirsichhälften in den Weinsud legen. Restliche Basilikumblätter dazugeben und 10 Minuten bei 100 °C, Dampfgarstufe, garen. Aus dem Ofen nehmen und abkühlen lassen. Pfirsiche im Sud abgedeckt im Kühlschrank eine Nacht durchziehen lassen. Eiskalt mit Joghurt- oder Vanilleeis serviert, ein wirklich originelles Dessert!

SERVIERVORSCHLAG

Je ½ Pfirsich mit Weinsud, Eis und Basilikumblatt im Glasteller oder Einmachglas servieren. Nach Belieben mit Vanilleschote garnieren.

Alkoholfreie Variante

Um Kindern den Spaß am heiß geliebten Dessert nicht zu verderben, den Weißwein durch dieselbe Menge Pfirsichsaft und den Grand Marnier durch 2 TL Grenadinesirup ersetzen.

Veronika, der Lenz ist da

EIN FRÜHLINGSMENÜ

Kohlrabi-Millefeuilles mit Seezungenfarce

Kaninchenfilet auf Rhabarbergemüse mit Grünkernrisotto

Kardamomparfait auf Erdbeercarpaccio mit Gewürzsirup

[Menü für 4 Personen]

Kohlrabi-Millefeuilles mit Seezungenfarce

2 Kohlrabi

FARCE
12 rohe, ungeschälte Langustenschwänze
150 g Seezunge, enthäutet | 125 g Sahne
etwas Zitronensaft | Salz
schwarzer Pfeffer aus der Mühle

SAUCE
1 EL Olivenöl
1 Schalotte, fein gehackt
½ kleine Knoblauchzehe, fein gehackt
100 ml trockener Weißwein
2 EL Noilly Prat (Wermut)
150 ml Gemüsebrühe
150 ml eiskalte Sahne
1 Döschen gemahlener Safran (0,1 g)
Salz
etwas gehackter Schnittlauch und Thymian

etwas Butter zum Einstreichen der Garbehälter

Kohlrabi schälen und in zwölf 2–3 mm dicke Scheiben von ca. 10 cm Durchmesser schneiden – am besten mit einer Aufschnittmaschine. Kohlrabischeiben in einen gefetteten gelochten Garbehälter legen und 4 Minuten bei 100 °C, Dampfgarstufe, dämpfen. Eventuell mit einem großen runden Ausstecher gleichmäßige Kreise ausstechen.

Für die Farce die Langustenschwänze schälen und den Darmstrang entfernen. Seezunge grob zerkleinern und mit der Sahne und den Langustenschwänzen im Mixer fein pürieren. Mit Zitronensaft, Salz und Pfeffer abschmecken. Ca. 2 TL Farce auf eine Kohlrabischeibe streichen, eine zweite Kohlrabischeibe darauf-

legen, erneut mit Farce bestreichen, die dritte Kohlrabischeibe darauflegen und das Türmchen mit etwas Farce abschließen. Auf diese Weise 4 Türmchen herstellen. Einen gelochten Garbehälter mit etwas Butter bestreichen und die Kohlrabitürmchen ca. 3 Minuten bei 75 °C, Dampfgarstufe, dämpfen.

Für die Sauce Olivenöl in einem Topf heiß werden lassen, die Schalotte und die Knoblauchzehe darin andünsten. Mit Weißwein ablöschen und etwas einkochen lassen. Noilly Prat, Gemüsebrühe, Sahne und Safran zufügen und auf die Hälfte reduzieren. Mit Salz abschmecken. Die Kohlrabi-Millefeuilles mit der Sauce und den gehackten Kräutern anrichten.

Kaninchenfilet auf Rhabarbergemüse mit Grünkernrisotto

4 Kaninchenfilets (à ca. 70 g)
2 EL Olivenöl
Kräutersalz
schwarzer Pfeffer aus der Mühle
½ Bund glatte Petersilie, fein gehackt
1 Schalotte, fein gehackt
abgeriebene Schale von ½ Bio-Zitrone
100 ml fruchtiger Roséwein
300 g Rhabarber
1 EL Honig
1 TL frischer geriebener Ingwer
1 TL gemahlener Koriander
1 EL Butter
Salz

ACHTUNG: Den Risotto bereits vor der Vorspeise zubereiten und mit Alufolie abgedeckt beiseitestellen!
Die Kaninchenfilets mit Olivenöl einstreichen und mit Kräutersalz und schwarzem Pfeffer würzen. Gehackte Petersilie mit fein gehackter Schalotte und dem Zitronenschalenabrieb auf einem Teller mischen und die Filets darin wenden. Kaninchenfilets in einen gelochten Einsatz legen, Wein in einen geschlossenen Garbehälter gießen und eine Rille unter die Kaninchenfilets einsetzen. Bei 80 °C, Sanftgarstufe, ca. 15 Minuten garen. Die Filets im ausgeschalteten Ofen warm halten.

In der Zwischenzeit den Rhabarber in 5 cm lange Stücke schneiden. Wein aus der Garschale in einen Topf gießen, den Honig darin auflösen und die Rhabarberstücke darin ca. 2 Minuten bissfest garen. Rhabarber mit einem Schaumlöffel herausnehmen.
Ingwer und Koriander in den Rhabarbersud geben und bei wenig Hitze etwas einkochen lassen. Den Sud durch ein Sieb abgießen, Rhabarberstücke und Butter dazugeben und das Gemüse mit etwas Pfeffer und Salz abschmecken. Rhabarbergemüse auf die Tellermitte setzen. Kaninchenfilets in Scheiben schneiden und darauflegen. Den Grünkernrisotto dazu reichen.

GRÜNKERNRISOTTO
2 EL Olivenöl
1 Schalotte, fein gehackt
1 Knoblauchzehe, fein gehackt
70 g Suppengemüse (Karotte, Sellerie, Lauch), fein gehackt
ca. 300 ml Gemüsebrühe
1 Lorbeerblatt
1 Gewürznelke
200 g Grünkern
30 g Butter
1 EL fein gehackte Petersilie
1 EL fein gehackter Schnittlauch
Salz | schwarzer Pfeffer aus der Mühle

Olivenöl, Schalotte, Knoblauch, Suppengemüse, Gemüsebrühe, Lorbeerblatt und Nelke auf das große Backblech geben und bei 100 °C, Dampfgarstufe, 3 Minuten aufkochen. Lorbeerblatt und Nelke entfernen und Grünkern einrühren. Bei 100 °C, Dampfgarstufe, ca. 35 Minuten garen.
Butter, Petersilie und Schnittlauch unterrühren und mit Salz und Pfeffer würzen. Später zu den Kaninchenfilets in den Ofen schieben und 10 Minuten mitgaren.

Kardamomparfait auf Erdbeercarpaccio mit Gewürzsirup

KARDAMOMPARFAIT
½ l Vollmilch
12 Kardamomkapseln, zerdrückt
6 Eigelbe
50 g Honig
100 g Zucker
150 g Crème double

GEWÜRZSIRUP
100 g Zucker
1 Vanilleschote, halbiert, Mark ausgelöst
1 Sternanis
1 Stange Zitronengras, in kleine
Stücke geschnitten
4 Kaffirlimettenblätter
1 Tonkabohne, zerquetscht (Apotheke)
1 EL Grand Marnier (Orangenlikör)

ERDBEERCARPACCIO
500 g frische Erdbeeren
einige Minzeblätter zur Dekoration

ACHTUNG: Am Vortag beginnen!
Die Milch mit den Kardamomkapseln
aufkochen und 10 Minuten köcheln
lassen. Vom Herd nehmen und abkühlen
lassen. Eigelbe, Honig und Zucker schaumig rühren, nach und nach die abgekühl-
te Gewürzmilch unterrühren. Die Masse
in eine Metallschüssel gießen, diese

Sämtliche Zutaten bis auf den Likör mit
100 ml Wasser zum Kochen bringen und
10 Minuten köcheln lassen. Abkühlen
lassen, dann abseihen. Sirup mit Grand
Marnier abschmecken.

Die Erdbeeren verlesen und in feine
Scheiben schneiden. Erdbeerscheiben
kreisförmig anrichten und mit Sirup beträufeln. Das Parfait in die Mitte stürzen
und mit 1 Minzeblättchen garnieren.

über Wasserdampf mit einem Schneebe-
sen weiterschlagen, bis die Masse leicht
eindickt (siehe Kasten). Über Nacht in
den Kühlschrank stellen. Am nächsten
Tag die Masse durch ein Sieb gießen.
Crème double verrühren und unterziehen. In Förmchen gießen und mindestens 4 Stunden gefrieren lassen.

Zur Rose abziehen
In der feinen Küche nennt
man diesen Vorgang „zur Rose
abziehen". Man taucht einen
Holzkochlöffel ein und bläst
auf die Masse, die am Kochlöf-
felrücken hängen bleibt. Zeigt
sich die Form einer Rose, ist
die Konsistenz richtig.

57

Passt scho'

BAYRISCHE GEMÜTLICHKEIT IN DREI GÄNGEN

Salat mit Speck-Dampfnudel

Schweinefilet mit Brezenknödel und Pfifferlingsauce

Kaiserschmarrn mit Zwetschgenröster und karamellisierten Apfelspalten

[Rezepte für 8 Personen]

Salat mit Speck-Dampfnudel

Gemischte Blattsalate nach Saison

KRÄUTERVINAIGRETTE
1 Schalotte
½ Knoblauchzehe
100 ml Gemüsebrühe
1 EL Weißweinessig
4 EL kalt gepresstes Olivenöl
1 Bund Schnittlauch
½ Bund Petersilie
etwas Limettensaft
1 TL Rosenöl
1 EL Ahornsirup
Salz | schwarzer Pfeffer aus der Mühle

Die Salatblätter waschen, verlesen, trocken schleudern und klein zupfen. Für das Dressing Schalotte und Knoblauchzehe fein würfeln. Gemüsebrühe und Weißweinessig mit einem Pürierstab aufschlagen und das Olivenöl bei laufendem Motor nach und nach zugeben. Schnittlauch und Petersilie kalt waschen und gut abschütteln. Den Schnittlauch hacken, von der Petersilie die Blätter abzupfen und ebenfalls hacken. Zum Dressing geben und alles mit Limettensaft, Rosenöl, Ahornsirup, Salz und Pfeffer abschmecken.

Das Dressing kurz vor dem Servieren mit dem Salat vermischen.

SPECK-DAMPFNUDEL
½ Zwiebel
100 g durchwachsener Speck
½ Stange Lauch
3 EL Öl
Salz | schwarzer Pfeffer aus der Mühle
etwas Muskatnuss
125 ml Milch | 25 g Hefe
1 Prise brauner Zucker
300 g Mehl
1 Ei | 1 Eigelb
1 TL Salz | 30 g weiche Butter

etwas Butter zum Einfetten

Die Zwiebel und den Speck klein würfeln. Den Lauch putzen, der Länge nach halbieren, waschen und fein schneiden. Das Öl in einer Pfanne erhitzen, Speck anbraten, etwas später Zwiebel und Lauch dazugeben. Mit Salz und Pfeffer

abschmecken, aus der Pfanne nehmen und abkühlen lassen.
Die Hälfte der Milch leicht erwärmen und die Hefe mit dem Zucker darin auflösen. Das Mehl in eine Schüssel sieben, in die Mitte eine kleine Mulde drücken. Die Hefemilch mit etwas Mehl anrühren und in der Gärstufe ca. 15 Minuten gehen lassen.
Die Speck-Zwiebel-Lauch-Mischung mit dem restlichen Mehl, Ei und Eigelb sowie Salz und Butter zu einem elastischen Teig verarbeiten. Nochmals 30 Minuten bei Gärstufe bis zur doppelten Größe gehen lassen.
Gleich große Stücke von ca. 60 g abstechen, mit etwas Mehl bestäuben und zu Kugeln formen. Einen ungelochten Gareinsatz mit Butter ausstreichen, die Kugeln hineinsetzen und bei 160 °C, CircoSteam, ca. 20 Minuten backen.

Schweinefilet mit Brezenknödel und Pfifferlingsauce

1,2 kg Schweinefilet
Salz | schwarzer Pfeffer aus der Mühle
3 EL Öl
1 Bund glatte Petersilie, gehackt

Das Fleisch in 8 Teile portionieren, mit Salz und Pfeffer würzen und von allen Seiten in Öl anbraten. Die Filets in der Petersilie wenden, in einen ungelochten Gareinsatz geben und bei 90 °C, Dampfgarstufe, ca. 20 Minuten garen.
TIPP: Die Brezenknödel können gleich mitgegart werden.

BREZENKNÖDEL
8 altbackene Brezen
½ l Milch
4 Eier, verquirlt
Salz | schwarzer Pfeffer aus der Mühle
etwas Muskatnuss
1 kleine Zwiebel | 40 g Butter
½ Bund glatte Petersilie, fein gehackt

Die Brezen in Scheiben schneiden. Milch erwärmen und mit dem Ei unter die Brezen mischen. Mit Salz, Pfeffer und Muskat würzen und 10 Minuten ziehen lassen. Die Zwiebel fein würfeln und in der Butter glasig dünsten. Zwiebel mit der Petersilie unter die Brezenmasse kneten und den Teig abschmecken.

Aus der Masse ca. 4 cm dicke Rollen formen, in Frischhaltefolie wickeln und an den Enden zusammendrehen. In den gelochten Gareinsatz geben und bei 100 °C, Dampfgarstufe, ca. 10 Minuten garen. Fertige Brezenknödel aus der Folie nehmen und in ca. 1 cm dicke Scheiben schneiden.

61

PFIFFERLINGSAUCE
600 g kleine Pfifferlinge
4 Schalotten | 50 g Butter
1 Bund glatte Petersilie, fein gehackt
etwas Limettensaft | 400 g Sahne
Salz | schwarzer Pfeffer aus der Mühle

Die Pfifferlinge gründlich putzen, große Exemplare halbieren. Die Schalotten fein würfeln und in der Butter glasig dünsten. Pilze zugeben und 5 Minuten mitdünsten. Petersilie, Limettensaft und Sahne zugeben und die Sauce mit Salz und Pfeffer abschmecken. Zum Anrichten einige Löffel Pfifferlingsauce auf vorgewärmte Teller geben. Die Filets halbieren, auf die Sauce setzen und 5–7 Scheiben Brezenknödel um das Filet verteilen.

Kaiserschmarrn mit Zwetschgenröster und karamellisierten Apfelspalten

KAISERSCHMARRN
120 g Mehl | ½ l Milch
2 Prisen Salz
50 g Vanillezucker
abgeriebene Schale von 1 Bio-Zitrone
40 ml Rum | 4 Eier, getrennt
40 g geklärte Butter (siehe Kasten)
1 EL Zucker | 60 g Rosinen
40 g Puderzucker | 50 g Butter

Mehl, Milch, Salz, Vanillezucker, Zitronen-schalenabrieb, Rum, Eigelb und geklärte Butter zusammenrühren. Eiweiß mit Zucker halb steif schlagen und unter die Milchmasse heben. In den mit Backpa-pier ausgelegten gelochten Garbehälter füllen und mit Rosinen bestreuen. Bei 180 °C, Heißluft, 15–20 Minuten backen, dann 5 Minuten bei 180 °C, CircoSteam,

fertig backen. Kaiserschmarrn nach dem Backen in Stücke teilen und großzügig mit Puderzucker bestreuen. Die Stücke in einer Pfanne anbraten, bis der Zucker leicht karamellisiert.
Vor dem Servieren einige Butterflocken darübergeben und mit etwas Puderzu-cker bestäuben.

ZWETSCHGENRÖSTER
500 g feste Zwetschgen, gewaschen, halbiert und entsteint
250 ml Rotwein | 100 g Zucker
1 Vanilleschote | 1 Zimtstange
2 Gewürznelken
1 dünne Scheibe frischer Ingwer
etwas Schale von 1 Bio-Orange und 1 Bio-Zitrone | 5 cl Zwetschgenwasser

Die Zwetschgen in den ungelochten Gareinsatz geben. Mit Rotwein, Zucker und den Würzzutaten übergießen und bei 85 °C, Dampfgarstufe, ca. 15 Minuten garen. Nach dem Abkühlen das Zwetsch-genwasser zugeben.
Den Zwetschgenröster um den Kaiser-schmarrn herum anrichten.

Geklärte Butter
50 g Butter 1 Minute köcheln lassen. Ein Sieb mit einer Lage Küchenpapier auslegen und die flüssige Butter hindurchgießen.

KARAMELLISIERTE APFELSPALTEN
40 g Puderzucker
2 Äpfel (Boskop),
in je 12 Spalten geschnitten

Puderzucker in einer Pfanne erhitzen, bis er schmilzt und leicht zu bräunen beginnt. Apfelspalten einlegen, nach ½ Minute wenden und nochmals ½ Mi-nute im Zucker ziehen lassen. Apfel-spalten zum Kaiserschmarrn servieren.

Bangkok-Express

GEHT SCHNELL – SCHMECKT GUT

Schneller Thai-Salat

Exotische Früchteminestrone

Mariniertes Rinderfilet mit Papaya und Jasminreis

[Menü für 4 Personen]

Schneller Thai-Salat

Foto auf Seite 65

2 große Karotten
3 Kaffirlimettenblätter (Asia-Laden)
30 g Glasnudeln
200 ml Hühner- oder Gemüsebrühe
1 Scheibe frischer Thunfisch (ca. 200 g)
100 g geschälte, gegarte TK-Shrimps
1 rote Zwiebel
½ Salatgurke

Die Karotten der Länge nach fein hobeln (ca. 2 mm dick, mit dem Gurkenhobel oder der Aufschnittmaschine). 2 Kaffirlimettenblätter fein schneiden und in einen gelochten Garbehälter legen, die Karottenstreifen darüberlegen. Glasnudeln in einen ungelochten Garbehälter geben und mit kochend heißer Brühe begießen. Karotten und Glasnudeln bei 100 °C, Dampfgarstufe, 1 Minute garen. Den Thunfisch auf die Glasnudeln legen und zusammen mit den Karotten weitere 2 Minuten garen. Shrimps in einem Sieb auftauen lassen. Mit heißem Wasser abspülen, abtropfen lassen. Zwiebel in feine Ringe schneiden, Gurke schälen, halbieren, eventuell entkernen und in Halbkreise schneiden. Karottenstreifen, Gurkenscheiben, gegarte Glasnudeln und Zwiebelringe auf Tellern anrichten. Thunfisch in feine Scheiben schneiden und mit den Shrimps auf den Salat legen.

66

MARINADE
2 EL neutrales Öl
1½ EL thailändische Fischsauce
1 EL Zucker
1 EL gehackter frischer Koriander
2 TL Sojasauce | 3 EL Limettensaft
1 TL fein geriebener Ingwer
einige Spritzer Tabasco
Salz | schwarzer Pfeffer aus der Mühle
2 EL gehackte, geröstete Erdnüsse

Alle Zutaten für die Marinade mischen.

Den Salat mit der Marinade beträufeln und mit den gerösteten Erdnüssen bestreuen.

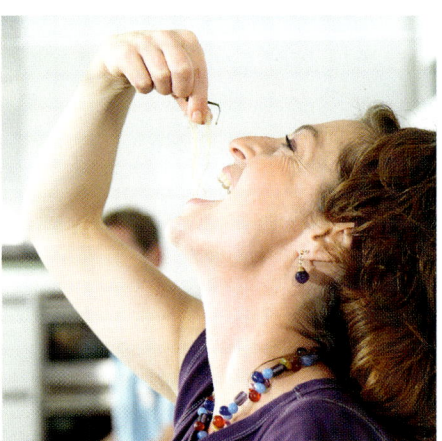

Exotische Früchteminestrone

MARINADE
2 Orangen
etwas abgeriebene Schale von
1 Bio-Zitrone und 1 Bio-Orange
1 Pck. Bourbon Vanillezucker
1 Prise Zimt
7 Blätter Thai-Basilikum
1 Banane

verschiedene exotische Früchte, z.B.:
1 Baby-Ananas
1 kleine Thai-Mango
12 Physalis (Kapstachelbeeren)
1 kleiner Granatapfel

4 Kugeln Joghurt- oder Kokoseis
einige Blätter Thai-Basilikum zur
Dekoration

Für die Marinade die Orangen auspressen. Orangensaft, Zitrusschalenabrieb, Vanillezucker, Zimt und Thai-Basilikum mit der Banane in einen Mixer geben und gut durchmixen.
Die exotischen Früchte schälen und in kleine Stücke schneiden. Früchte in einem Suppenteller anrichten und mit der durchgemixten Marinade umgießen. Jeweils 1 Kugel Eis auf die Suppe setzen und sofort servieren.

TIPP: Die Früchte können der Saison angepasst werden, z.B. Zitrusfrüchte im Winter und Beeren im Sommer.

Mariniertes Rinderfilet mit Papaya und Jasminreis

700 g Rinderfilet

MARINADE
1 junge Knoblauchzehe, zerdrückt
2 TL Honig
1½–2 TL geriebener Ingwer
10 EL Sojasauce
2 EL trockener Sherry
2 EL Himbeeressig
schwarzer Pfeffer aus der Mühle

AUSSERDEM
1 EL Butterschmalz | Salz
1 reife, frische Papaya
1 kleine rote Chilischote

JASMINREIS
2 Tassen Jasminreis (ca. 250 g)
2 Tassen Gemüsebrühe
2 EL exotische Trockenfrüchtemischung
(z. B. Papaya, Mango, Kokosnuss)
1 EL Butterschmalz | etwas Salz

Alle Zutaten für die Marinade mischen und das Fleisch mindestens 1 Stunde darin marinieren.

In der Zwischenzeit den Reis zubereiten. Jasminreis in ein Sieb geben, mit kaltem Wasser spülen, bis das Wasser klar und die Stärke ausgewaschen ist. Reis in einen ungelochten Garbehälter geben und mit heißer Gemüsebrühe aufgießen. Trockenfrüchte untermischen. Bei 100°C, Dampfgarstufe, ca. 20 Minuten garen. Butterschmalz unterrühren und mit etwas Salz nachwürzen. Reis beiseitestellen und während der letzten 5 Minuten zum Rinderfilet in den Ofen schieben.

Fleisch aus der Marinade nehmen, abtropfen lassen und im heißen Butterschmalz rundherum ca. 5 Minuten anbraten lassen. Filet aus der Pfanne nehmen, in einen ungelochten Gar-

behälter legen. Marinadeflüssigkeit in die Pfanne geben und beiseitestellen. Das Fleisch salzen und bei 80°C ca. 30 Minuten fertig garen.

Die Papaya halbieren und schälen. Mit einem Teelöffel die Kerne auslösen, das Fruchtfleisch in feine Spalten schneiden. DIe Chilischote halbieren, entkernen und in sehr feine Streifen schneiden.

Das Fleisch aus dem Ofen nehmen, ausgetretenen Fleischsaft zur Marinade geben, kurz erwärmen und abschmecken. Filet in Portionen schneiden. Papaya mit den Chilistreifen bestreuen und mit Reis und Sauce servieren.

TIPP: Wer die Papayascheiben warm essen möchte, kann diese während der letzten 5 Minuten mit dem Rinderfilet garen.

Immer wieder sonntags ...

... AUF DER TERRASSE

Cocktail „Happy Sunday"

Thunfischtatar

Gemüseterrine mit Avocadocreme

Kalbsragout in Tomaten-Sardellen-Sauce

Crème brulée

[Alle Gerichte für insgesamt 8 Personen]

Cocktail „Happy Sunday"

Foto auf Seite 71

**Für 8 Longdrinkgläser à 200 ml Inhalt
oder 1 große Karaffe**

24 Eiswürfel
6 EL Grenadinesirup
600 ml Orangensaft, frisch gepresst
300 ml Maracujasaft
400 ml Mineralwasser mit Kohlensäure
Pfefferminzblättchen zur Dekoration

72

Eiswürfel in eine Plastiktüte geben, verschließen und mit einem Nudelholz zerkleinern (oder einen Eis-Crusher verwenden). Die Eisstückchen auf die Gläser verteilen oder alle in die Karaffe geben. Den Grenadinesirup darübergießen.

In einem separaten Krug Orangensaft, Maracujasaft und Mineralwasser mischen und langsam auf den Sirup gießen. Der Sirup soll zunächst einmal unten im Glas „sitzen bleiben".

Mit Pfefferminzblättchen garnieren und sofort servieren – eventuell mit bunten Strohhalmen verzieren.

TIPP: Wer einen alkoholhaltigen Cocktail mag, ersetzt das Mineralwasser durch eisgekühlten trockenen Apfel-Cidre (Cidre brut).

Immer was auf Lager

Entspannt die Vorbereitungen: Eingemachtes Obst, Gemüse oder Chutneys zum Brunch reichen. Mit dem Dampfbackofen geht das so: Zunächst die gespülten Einmachgläser im Garraum keimfrei machen – einfach mit der Neff Programmautomatik „Fläschchen sterilisieren".

Nun Obst bzw. Gemüse und den passenden Sud randvoll einfüllen, Gläser verschließen. Die Gläser auf den Rost stellen. 100 °C Dampfgarstufe starten und warten, bis die Flüssigkeit in den Gläsern zu perlen beginnt. Gerät ausschalten, aber die Gläser noch so lange darin ruhen lassen, bis der Garraum erkaltet ist. Bei alledem sollen sich die Gläser nicht berühren!

Thunfischtatar

300 g frischer Thunfisch
1 EL fein geschnittene Frühlingszwiebel
1 TL geriebener Ingwer
1–2 EL Sojasauce
Saft von ½ Limette
2 TL fein gehackte Kapern
Meersalz
schwarzer Pfeffer aus der Mühle
Olivenöl

Den Thunfisch entweder in feine Würfel schneiden oder durch den Fleischwolf drehen. Anschließend gut mit den restlichen Zutaten vermischen.

TIPP: Entweder in einer Schale mit Chicoréeblättern oder auf Baguette, Pumpernickel oder Salzgebäck anrichten!

Gemüseterrine mit Avocadocreme

Für 2 Terrinenformen 28 x 8 x 7 cm

3 große reife Tomaten
2 gelbe und 2 rote Paprikaschoten
2 mittelgroße Auberginen
je 1 mittelgroßer gelber
und grüner Zucchino
4 EL Olivenöl
Salz

AVOCADOCREME
2 reife Avocados
2 EL Limettensaft
4 EL Olivenöl
2 EL fein geschnittene Frühlingszwiebeln
1 EL fein geschnittener Koriander
Salz | Cayennepfeffer

TIPP: Die Terrine schmeckt besser, wenn sie über Nacht durchziehen kann.

Die Tomaten kreuzförmig einritzen und bei 100 °C, Dampfgarstufe, ca. 3 Minuten garen, bis sich die Schale löst. Enthäuten und in Scheiben schneiden. Die Paprika vierteln, entkernen und ca. 20 Minuten bei 100 °C, Dampfgarstufe,

Die Avocados schälen, entsteinen und im Mixer fein pürieren. Mit den restlichen Zutaten anrühren und mit Salz und Cayennepfeffer kräftig abschmecken. Eine Kastenform mit Frischhaltefolie auslegen. Die Auberginenscheiben quer leicht überlappend in die Form legen, sodass sie auf jeder Seite zu 1/3 überhängen. Die Hälfte der Tomatenscheiben einlegen und mit Avocadocreme bestreichen. Anschließend gelbe Paprika und

garen. Die Auberginen und den gelben Zucchino der Länge nach in dünne Scheiben schneiden (evtl. mit der Aufschnittmaschine), mit Salz bestreuen und in Öl von beiden Seiten anbraten. Auf Küchenpapier abtropfen lassen. Den grünen Zucchino ebenfalls längs in dünne Scheiben schneiden (am besten mit der Aufschnittmaschine).

grüne Zucchini einlegen, ebenfalls mit Avocadocreme bestreichen. Mit den restlichen Tomatenscheiben belegen, gelbe Zucchini daraufgeben, mit Avocadocreme bestreichen und mit der roten Paprika abschließen. Die überhängenden Auberginen über dem Gemüse zusammenlegen und die Terrine mit Frischhaltefolie bedeckt in den Kühlschrank stellen. Die Terrine stürzen und in Scheiben schneiden, solange sie kalt ist.

Kalbsragout in Tomaten-Sardellen-Sauce

600 g Kalbfleisch (aus der Schulter)
5 EL Olivenöl
Salz | schwarzer Pfeffer aus der Mühle
4 Schalotten, fein gehackt
2 EL Kapern
12 Sardellenfilets,
in feine Streifen geschnitten
850 g stückige Tomaten (aus der Dose)
4 Salbeiblätter, fein gehackt
16 Datteltomaten, halbiert
2 EL Balsamico-Essig
1 EL Ahornsirup

DEKORATION
12 Kapernäpfel

Fleisch kurz waschen, trocken tupfen und in gleichmäßige Würfel schneiden. In 3 EL Öl anbraten, mit Salz und Pfeffer würzen. Aus der Pfanne nehmen und beiseitestellen.

Die Schalotten mit den Kapern und den Sardellenfilets im restlichen Öl glasig dünsten. Die Tomaten zugeben und alles mit Salz und Pfeffer würzen. Die angebratenen Fleischwürfel mit der Tomatensauce in einen ungelochten Garbehälter geben und bei 180 °C, Circosteam, ca. 25 Minuten garen.

Salbei, Datteltomaten, Essig und den Ahornsirup zugeben und das Ragout weitere 25–35 Minuten bei 180 °C, CircoSteam, schmoren lassen.

Wer mag, kann etwas Brühe oder 1 Glas Rotwein angießen.

TIPP: Als Beilage passen Gnocchi aus dem Kühlregal oder in Butter geschwenkte Bandnudeln.

77

Dekoration
16 große Kapernäpfel waschen, trocken tupfen und in 250 g Butterschmalz kurz frittieren. Kapern auf Küchenpapier abtropfen lassen und dekorativ auf dem Ragout verteilen.

Crème brûlée

7 Eigelbe
75 g Zucker
375 g Sahne
125 ml Milch
125 g Crème fraîche
abgeriebene Schale von ½ Bio-Orange
ausgelöstes Mark von ½ Vanilleschote
8 TL brauner Zucker

Die Eigelbe gründlich mit dem Zucker verrühren. Sahne, Milch, Crème fraîche, Vanillemark und Orangenschalenabrieb mischen und einmal kurz aufkochen lassen. Unter ständigem Rühren langsam in die Eigelb-Zucker-Mischung einrühren.

Die Crème in 8 kleine Gläser oder Dessertförmchen füllen und bei 95 °C, Dampfgarstufe, ca. 25 Minuten garen. Herausnehmen, abkühlen lassen und mindestens 3 Stunden kühl stellen.

Die Förmchen aus dem Kühlschrank nehmen, mit je 1 TL braunem Zucker bestreuen und mit einem Crème-brûlée-Brenner karamellisieren.

Wer nicht über ein so ausgefallenes Küchengerät verfügt, stellt die Crèmes kurz unter den auf 250 °C vorgeheizten Grill des Elektroherds – der Zucker karamellisiert nach ca. 2 Minuten.

Ei, wie einfach!

Eier genau richtig hart oder weich kochen und dabei nicht einmal vom Frühstückstisch aufstehen müssen ..., welch ein Komfort. Dazu Eier anpieksen und nebeneinander, keinesfalls übereinander, in den gelochten Gareinsatz legen. Den ungelochten Einsatz darunter einschieben. Mit der Neff Programmautomatik „Eier kochen" wählen und abwarten, bis sie hart gekocht (ca. 18 Minuten) oder weich gekocht (ca. 11 Minuten) sind. Die Programmautomatik ist auf kühlschrankkalte Eier der Größe M ausgerichtet. Bei größeren oder kleineren Eiern Garzeit etwas verlängern bzw. verkürzen.

Auch Rührei kocht sich im Dampfbackofen fast von selbst: Eimasse in den ungelochten Garbehälter füllen und bei 120–130 °C, CircoSteam, stocken lassen. Das dauert ca. 5 Minuten. Die typische Rührei-Optik entsteht, indem die Masse vor dem Servieren mit der Gabel gut durchgequirlt wird. Lecker auch mit Schinken, Tomaten, Käse, Kräutern oder Shrimps.

Aladins Entzücken

ORIENTALISCHES PICKNICK

Joghurt-Minz-Traum

Auberginenpüree

Humous – Kichererbsenpüree

Reissalat „1001 Nacht"

Orientalische Hähnchenflügel

Marokkanische Lammbällchen

Minze-Tomaten-Salat auf Bulgur

Grießkuchen mit Grapefruit-Kardamom-Sirup

Orangenpudding

[Das ganze Buffet reicht für 10 – 12 Personen.]

Joghurt-Minz-Traum

1 kg Naturjoghurt
500 ml eiskaltes, kohlensäurereiches
Mineralwasser
10 EL Pfefferminzsirup
ca. 40 Blättchen frische Minzc

Joghurt, Mineralwasser und Pfefferminzsirup gut durchmixen. Joghurt in Gläser
füllen. Minzeblättchen etwas zerklcincrn
und darüberstreuen. Sofort servieren.

Echter Pfefferminztee

Echten marokkanischen Minztee
bereitet man so: Für 1 Teekanne
braucht man 1 Hand voll frische
Pfefferminze und 1 EL grünen Tee.
Der grüne Tee wird mit etwas
heißem Wasser aufgebrüht und
nach 3 Minuten abgegossen, so
verliert er seine Bitterkeit und
harmoniert perfekt mit der Minze.
In die Teekanne kommen nun die
Minzeblättchen mit dem grünen
Tee. Mit kochendem Wasser
aufgießen und 6 Minuten ziehen
lassen. Durch ein Sieb in Teegläser
gießen und nach Belieben süßen.

Auberginenpüree

2 kleine Auberginen, halbiert
1–2 junge Knoblauchzehen, fein gehackt
3 EL Zitronensaft
60 g Tahina (Sesampaste; türkischer Lebensmittelladen)
Salz | schwarzer Pfeffer aus der Mühle
1 EL gehackte frische Minze
2 EL gehackte glatte Petersilie
1 EL Olivenöl
etwas gemahlener Kreuzkümmel

Auberginen mit der Schnittfläche nach unten in einen ungelochten Garbehälter legen und auf der 2. Rille von unten bei 100 °C, Dampfgarstufe, ca. 30 Minuten garen. In einen Mixer geben. Knoblauch, Zitronensaft und Sesampaste dazugeben und alles durchmixen. Mit Salz und Pfeffer abschmecken. Kräuter unterheben, mit Olivenöl beträufeln und mit Kreuzkümmel bestreuen.

Humous – Kichererbsenpüree

250 g getrocknete Kichererbsen
2 Knoblauchzehen
75 g Tahina (Sesampaste; Bioladen)
4 EL Zitronensaft
½ TL abgeriebene Schale von 1 Bio-Zitrone
Salz
2 EL Sesamsamen
2 EL Olivenöl
etwas Cayennepfeffer und mildes Paprikapulver

ACHTUNG: Mit dem Humous am Vortag beginnen!
Die Kichererbsen über Nacht in reichlich kaltem Wasser einweichen. Wasser abschütten, Kichererbsen in einen ungelochten Garbehälter geben und mit Wasser bedecken. Knoblauch schälen, halbieren, dazulegen und in der 2. Rille von unten, bei 100 °C, Dampfgarstufe, ca. 80 Minuten garen, bis die Kichererbsen weich sind. Ca. 150 ml Kochflüssigkeit aufheben.
Kichererbsen im Mixer pürieren, Tahina unterheben. Zurückbehaltene Kochflüssigkeit, Zitronensaft und Zitronenschalenabrieb zugeben und das Humous salzen. Sesamsamen in einer Pfanne kurz rösten. Das Humous mit Olivenöl beträufeln und mit Sesam, Cayennepfeffer und Paprikapulver bestreuen.

Reissalat „1001 Nacht"

300 g Langkornreis

300 ml Gemüsebrühe

2 EL Olivenöl

300 g Rinderhack

Salz | schwarzer Pfeffer aus der Mühle

1 TL gemahlener Koriander

1 reife Avocado

Saft und abgeriebene Schale von

½ Bio-Limette

50 g getrocknete Datteln, entkernt

2 cm geriebener Ingwer

100 g Naturjoghurt

1 EL Currypulver | 1 Prise Zucker

1–2 EL gehackter frischer Koriander

einige Korianderblättchen zur Dekoration

Langkornreis und Gemüsebrühe in einen ungelochten Garbehälter geben und ca. 20 Minuten bei 100 °C, Dampfgarstufe, garen.

Olivenöl in einer Pfanne erhitzen und das Rinderhack darin anbraten. Mit Salz, Pfeffer und gemahlenem Koriander würzen. Unter Wenden braten, bis das Fleisch gar ist. Zusammen mit dem gegarten Reis in eine große Schüssel geben.

Die Avocado schälen, den Stein entfernen und das Fleisch in kleine Würfel schneiden – sofort mit Limettensaft beträufeln, damit es nicht braun wird. Datteln klein schneiden und mit den Avocadowürfeln unter den Reis mischen. Ingwer, Joghurt, Limettenschalenabrieb, Gewürze und gehackte Korianderblätter unterheben. Abschmecken und mit einigen Korianderblättchen garnieren.

Pures Vergnügen

Toll als Beilage zur orientalischen Küche: Selbst gemachter Joghurt mit verschiedenen Gewürzen – zum Beispiel mit gemahlenem Kreuzkümmel, Kardamom, Koriandergrün und geriebener Salatgurke. Oder süß mit getrockneten Aprikosen, Aprikosensaft, Vanille, Zimt und gerösteten Mandelstiften. Gut durchziehen lassen. Kann problemlos 1 Tag vorher zubereitet werden.

Dazu 1 Liter frische Vollmilch im Topf auf 90 °C erhitzen, aber nicht kochen. Anschließend auf 38–45 °C abkühlen lassen. Die genaue Temperatur ist wichtig, damit die Joghurtbakterien aktiv werden! 100 g Vollmilchjoghurt mit lebenden Kulturen in die Milch einrühren und in sauber gespülte Gläser füllen. Mit hitzebeständiger Folie abdecken und in den gelochten Garbehälter stellen. Neff Programmautomatik „Joghurt in Gläsern" wählen. Der Joghurt reift nun etwa 5 Stunden. Abkühlen lassen und in den Kühlschrank stellen – erst durchgekühlt wird er so fest, wie er sein soll. Wer den Joghurt etwas fester haben möchte, gibt während des Reifens noch 2 EL Milchpulver dazu. Für Sahnejoghurt die Hälfte der Milch durch Sahne ersetzen.

Orientalische Hähnchenflügel

24 Hähnchenflügel

MARINADE
3 EL Zitronensaft
3 EL Olivenöl
2 TL gemahlener Kreuzkümmel
2 TL Paprika
3 Prisen Cayennepfeffer
1 Prise Zimt
2 Knoblauchzehen, zerdrückt
1 TL fein gehackte Thymianblättchen
1 TL Zucker
Salz | schwarzer Pfeffer aus der Mühle

Die Hähnchenflügel waschen und trocken tupfen.
Alle Zutaten für die Marinade verrühren. Hähnchenflügel damit bestreichen und zugedeckt im Kühlschrank 1 Stunde ziehen lassen.
Hähnchenflügel zusammen mit der Marinade auf ein ungelochtes Backblech legen. Bei 220 °C, CircoSteam, ca. 30 Minuten garen. Hähnchenflügel mit der eingekochten Marinade servieren.

TIPP: Ein einfaches, schnelles und äußerst aromareiches Gericht – besticht durch die Gewürzmarinade!

Gute Basis

Um beim Dämpfen im gelochten Garbehälter Verschmutzungen des Garraums zu vermeiden, sollte eine Rille tiefer grundsätzlich der ungelochte Behälter eingeschoben werden. Der Sud, der sich darin sammelt, ist eine gute Basis für Saucen aller Art.
In Obst- und Gemüsesud noch während des Dämpfens getrocknete Kräuter und Gewürze geben, damit diese schön durchziehen.
Später kann das Ganze auf dem Herd reduziert, gebunden und mit frischen Kräutern verfeinert werden.
Auch abtropfende Flüssigkeit von Fleisch, Geflügel und Fisch kann als Fond weiterverwendet werden.

86

Marokkanische Lammbällchen

Für ca. 24 Stück

3 EL Pinienkerne
500 g gehacktes Lammfleisch
1 Ei
1 Zwiebel, fein gehackt
1 Knoblauchzehe, fein gehackt
3 EL fein gehackte glatte Petersilie
2 EL fein gehackter frischer Koriander
abgeriebene Schale von ½ Bio-Zitrone
½ TL 7-Spices (libanesische Gewürzmischung; türkischer Lebensmittelladen)
Salz
2 EL schwarze Sesamsamen
(Schwarzkümmel)
2 EL Olivenöl

TOMATENTUNKE
2 mittelgroße, reife Tomaten
1 kleine Knoblauchzehe, geschält und entkeimt
1 TL Harissa-Paste (marokkanische Gewürzpaste; orientalischer Lebensmittelladen)
Salz | schwarzer Pfeffer aus der Mühle
1 Prise Zimt
etwas Zucker

Pinienkerne in einer beschichteten Pfanne trocken rösten und grob hacken. Fleisch mit allen Zutaten bis auf die Sesamsamen und das Olivenöl mischen und zu Bällchen formen. Mit Sesamsamen bestreuen.
Olivenöl auf einem Backblech verteilen, Lammbällchen daraufsetzen. Bei 180 °C, CircoSteam, ca. 35 Minuten garen.

Für die Tunke alle Zutaten in den Mixer geben, gut durchmixen und mit Salz, Pfeffer, wenig Zimt und Zucker abschmecken.

TIPP: Wer die Tunke schärfer haben möchte, gibt einfach mehr Harissa-Paste dazu.

Minze-Tomaten-Salat auf Bulgur

**150 g Bulgur (Weizengrütze; türkischer
Lebensmittelladen)**
450 g aromatische Tomaten
1 Gemüsezwiebel
1 Bund glatte Petersilie
2 EL frische Pfefferminze
Saft und abgeriebene Schale von
1 Bio-Zitrone
5 EL Olivenöl
Salz | schwarzer Pfeffer aus der Mühle
einige Minzeblättchen zur Dekoration

Bulgur auf einen ungelochten Garbehälter legen. Bei 100 °C, Dampfgarstufe,
4 Minuten garen. Tomaten und Zwiebel
in kleine Würfel schneiden. Petersilie
und Pfefferminze fein hacken und mit
dem gedämpften Bulgur mischen.
Zitronensaft und etwas Zitronenschalenabrieb, Öl, Salz und Pfeffer dazugeben
und vorsichtig unterheben. Salat mit
Minzeblättchen dekoriert servieren.

Grießkuchen mit Grapefruit-Kardamom-Sirup

Für 1 Kuchenform von 24 cm Ø

TEIG
120 g Butter
60 g Zucker
Saft und abgeriebene Schale von
1 Bio-Orange | 2 Eier
150 g Hartweizengrieß
2 TL Weinstein-Backpulver
1 Prise Salz
100 g Mandeln, gemahlen
2 EL gehackte Pistazien

etwas Butter und Mehl für die Form

SIRUP
300 ml frisch gepresster Grapefruitsaft
(von ca. 3 Früchten)
100 g Zucker
12 Kardamomkapseln, zerdrückt
1 TL Orangenblütenwasser (Apotheke)
3 TL Rosenblütenwasser (Apotheke)

Den Boden einer Springform mit Backpapier auslegen. Ränder buttern und mit etwas Mehl bestäuben.

Backofen auf 160 °C, Heißluft, vorheizen. Für den Teig Butter und Zucker schaumig rühren, Orangenschalenabrieb und Eier einrühren. In einer Schüssel Grieß, Backpulver, Salz und gemahlene Mandeln mischen. Mit dem Orangensaft unter die Buttermasse rühren. Teig in die vorbereitete Backform füllen und mit gehackten Pistazien bestreuen. In der 2. Rille von unten ca. 30 Minuten backen.

Inzwischen den Sirup zubereiten. Grapefruitsaft, Zucker und zerdrückte Kardamomkapseln in einem Topf köcheln lassen. Einkochen lassen, bis die Masse leicht sirupartig wird. Durch ein Sieb geben und mit den Blütenwässern mischen. Den noch lauwarmen Kuchen damit tränken.

Ist zwar nicht ganz stilecht, aber auch eine eisgekühlte Vanillesahne passt wunderbar dazu!

HINWEIS: Dieser Kuchen wird ausschließlich bei Heißluft (oder CircoTherm im Slide & Hide Backofen von Neff) zubereitet.

93

Orangenpudding

Für 12 kleine Förmchen

3 Eier
2 EL Zucker
1 Pck. Bourbon-Vanillezucker
250 ml Milch
100 ml frisch gepresster Orangensaft
abgeriebene Schale von 1 Bio-Orange
2 Msp. Zimt
1 TL Orangenblütenwasser (Apotheke)

Alle Zutaten im Mixer gut durchmixen, bis die Masse schaumig wird. Die Mischung auf 12 kleine Förmchen, z.B. Espressotassen oder kleine Gläser, verteilen und mit hitzebeständiger Folie abdecken.
Die Förmchen in den gelochten Garbehälter stellen und in der 3. Rille von unten, bei 85 °C, Dampfgarstufe, ca. 20 Minuten garen. Der Pudding ist fertig, wenn sich die Oberfläche elastisch anfühlt.

94

ZUM BESTREUEN
4 EL Mandelstifte
12 Physalis (Kapstachelbeeren)

Mandelstifte in einer beschichteten Pfanne ohne Fett goldgelb rösten, auf den Pudding streuen und mit den Physalis dekorieren.

Pumpkin, Duck & mehr ...

RUND UM DEN KÜRBIS

Kürbissalat

Ente mit Maroni-Kürbis-Füllung

Kürbismousse mit Traubenragout

[Rezepte für 6 Personen.
Das ganze Menü wird aus einem Muskatkürbis
von ca. 1,2 kg Rohgewicht hergestellt.]

Kürbis – Grundzubereitung

1 Muskatkürbis, ca. 1,2 kg
1 ½ TL Meersalz

Den Kürbis schälen, halbieren und die Samen entfernen. Ca. 200 g Kürbisfleisch beiseitestellen. Übrigen Kürbis mit Meersalz einreiben, auf einen ungelochten Gareinsatz geben und bei 100 °C, Dampfgarstufe, ca. 30 Minuten garen. Den beiseitegestellten Kürbis ungewürzt für das Dessert mitgaren.

Kürbissalat

1 rote Peperoni, entkernt und fein gehackt
50 ml Olivenöl
2 EL Ahornsirup | 2 EL Estragonessig
10 Blätter Basilikum, gehackt
Meersalz | schwarzer Pfeffer aus der Mühle
2 Salatherzen
250 g Büffelmozzarella
300 g vorgegarter Kürbis, in Stücken

Aus Peperoni, Olivenöl, Ahornsirup, Estragonessig und dem Basilikum eine Vinaigrette herstellen. Mit Salz und Pfeffer abschmecken.
Die Salatherzen waschen und trocken schleudern. Den Büffelmozzarella zerteilen und mit Kürbisstücken und den Salatherzen auf Tellern anrichten. Leicht salzen und pfeffern, mit der Vinaigrette beträufeln.

Ente mit Maroni-Kürbis-Füllung

1 küchenfertige Ente (ca. 2 kg)
Salz | schwarzer Pfeffer aus der Mühle
1 TL Paprikapulver | etwas Öl

FÜLLUNG
75 g Weißbrot | 75 g Schwarzbrot
200 g vorgegarter Kürbis
150 g küchenfertige Maroni
1 Chilischote | 1–2 EL Mangochutney
3 Eier
Salz | schwarzer Pfeffer aus der Mühle

Die Ente waschen und trocken tupfen. Mit Salz, Pfeffer und etwas Paprika innen und außen einreiben.
Für die Füllung Weiß- und Schwarzbrot, den vorgegarten Kürbis und die Maroni in kleine Würfel schneiden und mit den restlichen Zutaten vermischen. Mit Salz und Pfeffer abschmecken. In die Bauchhöhle der Ente füllen, Öffnungen mit Küchengarn zunähen oder mit Zahnstochern verschließen.

Die Ente auf einen gebutterten gelochten Gareinsatz geben. Den ungelochten Einsatz unter der Ente einschieben, damit das Fett aufgefangen wird. Bei 160 °C, CircoSteam, 80 Minuten garen. Mit Öl bepinseln und weitere 15 Minuten bei 200 °C, Heißluft, fertig garen.

Die Ente im Ganzen oder tranchiert servieren. Die Füllung wird als Knödelbeilage gereicht.

PAPRIKAGEMÜSE
2 rote und 2 gelbe Paprikaschoten
100 g küchenfertige Maroni
1 Chilischote
2 Scheiben Ingwer
Salz
schwarzer Pfeffer aus der Mühle
1 EL fein gehackter Liebstöckel
etwas Olivenöl

Die Paprika waschen, von Strunk und Kernen befreien und in Rauten schneiden. Maroni grob würfeln, Chilischote und Ingwer fein schneiden und zusammen mit den Paprika in einen gelochten Garbehälter geben. Mit Salz, Pfeffer und Liebstöckel würzen, mit etwas Olivenöl beträufeln und 10 Minuten bei 100 °C, Dampfgarstufe, garen.

ROTWEIN-SCHOKOLADENSAUCE
4 Schalotten
1 EL Butter
400 ml Rotwein | 200 ml Portwein
300 ml Gemüsebrühe
½ TL Ahornsirup
Salz | schwarzer Pfeffer aus der Mühle
100 g Butter, in Stücken
20 g Bitterschokolade, in Stücken

Die Schalotten fein würfeln, in etwas Butter glasig dünsten und mit Rotwein und Portwein ablösen. So lange einkochen, bis die Masse dickflüssig wird, dann die Brühe angießen und erneut einkochen. Die Sauce mit Ahornsirup, Salz und Pfeffer abschmecken. Butter und Schokolade zum Schluss unterrühren.

Kürbismousse mit Traubenragout

200 g vorgegarter Kürbis
100 ml Weißwein
1 Scheibe frischer Ingwer
2 Zacken Sternanis
½ Zimtstange
ausgelöstes Mark von ½ Vanilleschote
etwas Schale von 1 Bio-Zitrone und
1 Bio-Orange
1 EL Zitronensaft
30 g Zucker
3 Blatt Gelatine
3 Eigelbe
35 g Puderzucker
2–3 EL Grand Marnier (Orangenlikör)
200 g Sahne
1 Eiweiß
1 TL Zucker
1 Prise Salz

Das Kürbisfleisch in Würfel schneiden und in ein hohes Gefäß geben. Weißwein mit Ingwer, Sternanis, Zimt, Vanillemark, Zitronen- und Orangenschale sowie Zitronensaft und Zucker aufkochen. 10 Minuten ziehen lassen und durch ein Sieb zum Kürbis geben. Alles zusammen pürieren und durch ein feines Sieb streichen. ⅓ dieser Masse direkt auf 6 Gläser verteilen.

Die Gelatine in kaltem Wasser einweichen. Eigelbe mit Puderzucker aufschlagen. Orangenlikör leicht erwärmen und die eingeweichte, ausgedrückte Gelatine darin auflösen. Sahne halb steif schlagen, Eiweiß mit 1 TL Zucker und 1 Prise Salz zu cremigem Schnee schlagen.

Restliches Kürbismark unter die Eigelbmasse ziehen. Diese Masse nun nach und nach mit der aufgelösten Gelatine verbinden. Zum Schluss die halb steif geschlagene Sahne und den Eischnee unterheben und auf das Kürbismark in den Gläsern geben.
Mindestens 4 Stunden kühl stellen.

TIPP: In Tumblern (Whiskygläsern) angerichtet, sieht dieses geschichtete Dessert besonders dekorativ aus.

TRAUBENRAGOUT
120 ml weißer Traubensaft
ausgelöstes Mark von ½ Vanilleschote
etwas Zimtstange
½ TL Speisestärke (mit etwas kaltem
Traubensaft angerührt)
100 g kernlose weiße Trauben
100 g blaue Trauben, halbiert und entkernt

Den Traubensaft mit Vanillemark und Zimtstange zum Kochen bringen, mit der angerührten Speisestärke binden. Nach dem Erkalten die Trauben zugeben und auf die gefüllten Gläser verteilen.

101

¡Café olé!

MENÜ FÜR KAFFEEFREAKS

Salat mit Kaffeevinaigrette und Orangenduft

Zanderfilet mit Espresso-Grappa-Schaum und Rucola-Nudeln

Cappuccino-Flan

[Menü für 4 Personen]

Salat mit Kaffeevinaigrette und Orangenduft

6 getrocknete Shiitakepilze
200 g gemischte Blattsalate
1 mittelgroßer Zucchino
3 EL Olivenöl
Salz | schwarzer Pfeffer aus der Mühle
2 Prisen gemahlener Kardamom
abgeriebene Schale und Filets von
1 großen Bio-Orange

KAFFEEVINAIGRETTE
2 EL starker Espresso
1 TL Zucker
2 EL Sherryessig
4 EL Sonnenblumenöl
1 kleine Schalotte, fein gehackt
Kräutersalz
schwarzer Pfeffer aus der Mühle
abgeriebene Schale von ½ Bio-Orange

Die Shiitakepilze in heißem Wasser ca. 15 Minuten einweichen. Salat putzen, waschen und klein zupfen. Den Zucchino längs in feine, ca. 2 mm dicke Scheiben schneiden (mit der Aufschnittmaschine klappt das sehr gut). Shiitakepilze abtropfen lassen, Stiele entfernen und die Pilzkappen in Streifen schneiden.

2 EL Olivenöl in einer Pfanne erhitzen und die Pilze darin anbraten. Mit Salz, Pfeffer, 1 Prise Kardamom und etwas Orangenschalenabrieb würzen. Die Pilze in der Pfanne warm halten, sie schmecken lauwarm serviert am besten.

Einen gelochten Garbehälter mit Öl auspinseln und die Zucchinischeiben hineinlegen. Bei 100 °C, Dampfgarstufe, 2 Minuten garen. Mit Salz, Pfeffer und 1 Prise Kardamom würzen.

Alle Zutaten für die Vinaigrette mischen, mit Salz, Pfeffer und Orangenschalenabrieb abschmecken und mit den Salatzutaten mischen.

Zanderfilet mit Espresso-Grappa-Schaum und Rucola-Nudeln

4 Zanderfilets (ca. 800 g)
grüner Pfeffer aus der Mühle
abgeriebene Schale von ½ Bio-Zitrone
2 EL Olivenöl | Kräutersalz

Fischfilets bei Bedarf häuten und in 8 Portionen teilen. Mit Küchenpapier trocken tupfen, mit grünem Pfeffer und Zitronenschalenabrieb würzen.

KANDIERTE TOMATEN
ca. 16 Kirschtomaten
2 EL Olivenöl
Salz
schwarzer Pfeffer aus der Mühle
1 TL Puderzucker

Die Kirschtomaten waschen und in einen ungelochten Garbehälter setzen. Mit Olivenöl beträufeln, salzen und pfeffern, mit Puderzucker bestäuben. Bei 100 °C, Dampfgarstufe, 2. Rille von unten, 10 Minuten garen und im Ofen warm halten.

RUCOLA-NUDELN
400 g schmale Bandnudeln
200 g Rucola
1 EL Olivenöl
1 EL Butter
Salz
schwarzer Pfeffer aus der Mühle

Die Nudeln in reichlich Salzwasser bissfest kochen. Rucola verlesen, lange Stielenden abschneiden, Blätter waschen und trocken schütteln. Öl und Butter in einer Pfanne erwärmen, abgetropfte Nudeln und Rucola darin schwenken – salzen und pfeffern.

ESPRESSO-GRAPPA-SCHAUM
1 Eigelb
2 EL Grappa
1 EL starker Espresso
5 EL Sahne
1 TL frische, fein gehackte
Rosmarinnadeln
1 EL Butter
1 Prise Zucker
Kräutersalz
grüner Pfeffer aus der Mühle

Eigelb, Grappa, Espresso und Sahne mit einem Pürierstab schaumig schlagen. Fischfilets im Olivenöl beidseitig anbraten (je ca. 2 Minuten). Mit Kräutersalz würzen und auf vorgewärmte Teller legen. Rucolanudeln mit den kandierten Kirschtomaten daneben anrichten.

Saucenmischung in die heiße Pfanne geben, unter Rühren heiß werden lassen. Rosmarinnadeln, Butter, Zucker, Kräutersalz und etwas grünen Pfeffer dazugeben und nochmals schaumig aufschlagen. Sauce über die Fischfilets geben und sofort servieren.

Von wegen kalter Kaffee
Espresso-Experten wissen: In vorgewärmten Tassen bleibt die Crema besser stehen. Und was für den Kaffee im Tässchen gilt, ist dem Espresso-Grappa-Schaum heilig. Zum Glück gibt es im Neff Dampfbackofen eine eigene Vorwärmfunktion. Bitte daran denken: Das heiße Geschirr nur mit einem Topflappen anfassen!

105

Cappuccino-Flan

½ l Vollmilch

50 g Zucker

1 Vanilleschote, längs halbiert, Mark
ausgelöst

4 Eier, verquirlt

2 EL Instant-Kaffeepulver

150 g Sahne

2 EL Sambuca (italienischer Anislikör)

1 EL Kakaopulver

Milch, Zucker und Vanilleschote mit dem
Mark in einem Topf erwärmen. Warme
(nicht kochende!) Milch mit den Eiern
verquirlen und das Kaffeepulver unterrühren.

Die Masse durch ein Sieb in vorbereitete
Behälter gießen, z. B. Teetassen oder
kleine Einmachgläser. Diese in einen
gelochten Garbehälter stellen und mit
hitzebeständiger Klarsichtfolie abdecken.
Bei 90 °C, Dampfgarstufe, 25–30 Minuten garen. Etwas erkalten lassen und
mind. 2 Std. in den Kühlschrank stellen.
Sahne schaumig schlagen, mit dem
Anislikör parfümieren und auf die
Cappuccino-Flans verteilen.

Mit Kakaopulver bestäubt servieren.

Gäste verwöhnen
Auch schick: Den Gästen zum
Abschluss des Menüs heiße Tücher
reichen. Dazu Tücher dekorativ
aufrollen und in den gelochten
Garbehälter legen. Einige Minuten
mit der Funktion „Vorwärmen" oder
auf Dampfgarstufe nicht zu heiß
erwärmen.

Hitzefrei

MENÜ FÜR HEISSE SOMMERTAGE

Gazpacho

Gefüllte Zucchiniblüten mit Jakobsmuscheln

Hähnchenfilet mit Äpfeln und Ingwer-Orangen-Sauce

Limettensoufflé mit Ananasparfait und Himbeeren

[Rezepte für 4 Personen]

Gazpacho

2 Tomaten
2 rote Paprika
1 Salatgurke
1 Knoblauchzehe
etwas frischer Ingwer
1 TL Limettensaft
1 TL Weißweinessig
300 ml Mineralwasser
2 EL Olivenöl
1 TL Agavendicksaft (Reformhaus)
Meersalz
schwarzer Pfeffer aus der Mühle

Die Tomaten kreuzförmig einritzen und bei 100 °C, Dampfgarstufe, 1–2 Minuten blanchieren. Haut abziehen. Paprika und Gurke schälen, Kerne entfernen. Tomate, Paprika und Gurke grob zerkleinern. Von jeder Gemüsesorte 1 EL in kleine Würfel schneiden und beiseite stellen. Knoblauch und Ingwer schälen und sehr fein hacken. Gemüse, Knoblauch und Ingwer mit Limettensaft und Essig im Mixer fein pürieren. Mineralwasser und Öl unterrühren und das Gazpacho mit Agavendicksaft, Salz und Pfeffer abschmecken. Kalt stellen.
Gazpacho in einer eisgekühlten Schale servieren und mit den zurückbehaltenen Gemüsewürfeln garnieren.

... geht sogar Gemüse unter die Haut

Gemüsehäuten ist im Neff Dampfbackofen eine der leichtesten Übungen überhaupt.
Paradebeispiel Tomaten: Gerät 5 Minuten vorheizen. Tomaten kreuzweise einschneiden, in den gelochten Garbehälter legen (den ungelochten darunter einschieben) und 2 Minuten bei 100 °C dämpfen. Sofort in Eiswasser tauchen. Die Haut lässt sich nun leicht abziehen. Ähnlich funktioniert das Häuten von Obst und das Abziehen von Mandeln.
Paprika bei 220 °C, CircoSteam, 15–20 Minuten garen, bis die Haut aufspringt. 10 Minuten in eine verschließbare Schüssel legen, dann die Haut abziehen. Vorteil: Die Paprika wird sanft gegart, ist bekömmlicher und kann dabei ihr fruchtiges Aroma voll entfalten.

Gefüllte Zucchiniblüten mit Jakobsmuscheln

250 g Seehechtfilet, ohne Haut und Gräten
Meersalz
schwarzer Pfeffer aus der Mühle
1 Karotte
½ Zucchino
1 TL Dijonsenf
350 g kalte Sahne
8 Zucchiniblüten
1 EL Olivenöl
1 ungeschälte Knoblauchzehe, halbiert
1 Scheibe Ingwer
8 Jakobsmuscheln, geputzt

Seehechtfilet in Stücke schneiden, mit Salz und Pfeffer würzen und im Tiefkühlgerät leicht anfrieren lassen.

Karotte schälen, Zucchino waschen, beides in kleine Würfel schneiden. Karotten in den gelochten Gareinsatz geben und bei 100 °C, Dampfgarstufe, ca. 4 Minuten garen, nach 3 Minuten die Zucchiniwürfel zugeben. Abschrecken, abtropfen lassen und in einem sauberen Geschirrtuch kräftig ausdrücken.

Fisch mit Senf und 100 g Sahne im Mixer fein pürieren. Restliche Sahne nach und nach zugeben, bis eine glänzende Farce entsteht. Gemüsewürfel untermischen, Farce abschmecken und kalt stellen.

Stiele der Zucchiniblüten bis auf 2 cm abschneiden, waschen und in Scheiben schneiden. Die Blüten nicht waschen! Die Fischfarce mit einem Spritzbeutel in die Blüten füllen und die Blütenenden vorsichtig zusammendrehen. Blüten in den gelochten Gareinsatz legen und bei 95 °C, Dampfgarstufe, ca. 10 Minuten dämpfen.

Olivenöl in einer Pfanne erhitzen. Die Zucchinischeiben mit der Knoblauchzehe und der Ingwerscheibe anbraten, mit Salz und Pfeffer würzen.

Jakobsmuscheln in etwas Olivenöl kurz kräftig anbraten und mit Salz und Pfeffer würzen. Mit Weißweinsauce, gebratenen Zucchinischeiben und dem knusprigem Anis servieren.

111

WEISSWEINSAUCE
1 Zwiebel, fein gehackt
1 EL Olivenöl
60 ml Weißwein
30 ml Pernod
150 ml Gemüsebrühe
100 g Sahne
40 g Butter, in Stücken
Meersalz
schwarzer Pfeffer aus der Mühle

1 EL trocken geröstete Anissamen

Zwiebel im Öl glasig dünsten. Mit Weißwein und Pernod ablöschen, etwas einkochen lassen und mit der Brühe aufgießen. 15 Minuten köcheln lassen. Sahne und Butter unterrühren und mit Salz und Pfeffer abschmecken.

Hähnchenfilet mit Äpfeln und Ingwer-Orangen-Sauce

½ Bund Thymian
1 EL Weißweinessig
3 EL Quittengelee
4 Hähnchenbrustfilets (à ca. 150 g)
Salz | schwarzer Pfeffer aus der Mühle
2 EL neutrales Öl
2 säuerliche Äpfel (z.B. Granny Smith), geschält, entkernt und in Spalten geschnitten
3 Bund Frühlingszwiebeln, in 5 cm lange Stücke geschnitten
½ Bund Thai-Basilikum

112

INGWER-ORANGEN-SAUCE
50 g eingelegter Ingwer
1 TL rosa Pfeffer
3 EL kalte Butterwürfel
3 Bio-Orangen
etwas Honig
Salz | schwarzer Pfeffer aus der Mühle

Thymian waschen, trocken schütteln und die Blätter abzupfen. Thymianblätter mit Essig, Quittengelee und 80 ml Wasser zu einem Sud verkochen.

Hähnchenbrüste waschen und trocken tupfen. Mit Salz und Pfeffer würzen und von allen Seiten kurz im Öl anbraten. In den gelochten Gareinsatz geben und bei 90 °C, Dampfgarstufe, 9 Minuten garen. Nach 2 Minuten den Sud in einen unge-

Für die Sauce den Ingwer abtropfen lassen und fein hacken. Rosa Pfeffer fein mörsern. Ingwer mit etwas Butter in der Pfanne schmelzen. Schale von 2 Orangen abreiben und zugeben. Die beiden Orangen auspressen und

lochten Gareinsatz gießen, Äpfel und Frühlingszwiebeln zugeben und mitgaren. Basilikum waschen und trocken schütteln und die Blätter abzupfen. Frühlingszwiebeln und Äpfel mit den Basilikumblättern vermischen, auf vorgewärmten Tellern anrichten. Die Hähnchenbrüste schräg aufschneiden und darauflegen. Sauce rundherum angießen, das Gericht mit 2–3 Orangenfilets und einigen Basilikumblättern garniert servieren.

den Saft ebenfalls zugeben. Die Sauce 10 Minuten köcheln lassen und mit etwas Honig, Salz und Pfeffer abschmecken. Die verbliebene Orange filetieren und zum Anrichten für jeden Teller beiseitelegen.

Limettensoufflé mit Ananasparfait und Himbeeren

**200 g abgehangener Magerquark
(siehe Kasten)**
30 g Zucker
3 Eier, getrennt
ausgelöstes Mark von ½ Vanilleschote
abgeriebene Schale von 2 Bio-Limetten
30 g Zucker
1 Prise Salz
**etwas Butter und Zucker zum Vorbereiten
der Förmchen**

ACHTUNG: Mit Soufflé und Parfait am Vortag beginnen!
Quark mit Zucker, Eigelben, Vanillemark, Limettenschalen abrieb verrühren Eiweiße mit Zucker und Salz halb steif schlagen und unterheben. Die Masse in gebutterte, gezuckerte Förmchen füllen und in einen ungelochten Garbehälter geben. Diesen bis zur Hälfte mit kochendem Wasser füllen und Im Dampfgarer bei 95 °C 20–30 Minuten garen.

■
Abgehangener Quark
250 g Quark in ein sauberes Geschirrtuch geben und das Wasser herauspressen. 12 Stunden auf einem Sieb mit einer Schüssel darunter im Kühlschrank abtropfen lassen. Von diesem Quark 200 g für das Soufflé verwenden.

ANANASPARFAIT
4 Eigelbe
1 Ei
100 g Zucker
100 ml Ananassaft
2 EL Batida de Coco
1 Pck. Vanillezucker
1 Prise Zimt
1 Prise Salz
500 g geschlagene Sahne

Die Eigelbe und das ganze Ei schaumig schlagen. Zucker mit etwas Wasser aufkochen und die Eiermasse unter Rühren zugeben. Ananassaft, Batida de Coco, Vanillezucker, Zimt, Salz und Sahne unterheben. Die Masse in eine mit Frischhaltefolie ausgelegte Form füllen. Das Parfait mindestens 5–6 Stunden, besser über Nacht, gefrieren lassen.

10 Minuten vor dem Servieren portionieren und auf Tellern anrichten.
Die Babyananas schälen, in kleine Würfel schneiden und zusammen mit den Himbeeren neben dem Parfait anrichten. Mit einem Minzeblatt garnieren. Das Soufflé auf den Teller stürzen. Vorsicht: Die Förmchen sind sehr heiß!

115

1 Babyananas
80 g Himbeeren
4 Minzeblätter

Dinner for (the) one

VIER KULINARISCHE LIEBESBEWEISE

Cocktail „Deep Red"

Streicheleinheit von Karotte, Mango & Co.

Parfümiertes Lammcurry

Rosentiramisu mit Litschis und Himbeeren

[Menü für 2 Personen]

Cocktail „Deep Red"

Foto auf Seite 117

2 EL Himbeersirup
½ EL fein geriebener frischer Ingwer
2 EL fein geschnittener Koriander
Saft und abgeriebene Schale
von ½ Bio-Limette
400 ml eiskalter Prosecco

Himbeersirup, Ingwer, Koriander, Limettensaft und -schalenabrieb vermischen und mindestens 1 Stunde ziehen lassen. Sirup durch ein Sieb abgießen. Den gefilterten Sirup auf 2 Sektschalen oder Cocktailgläser aufteilen und mit Prosecco auffüllen. Sofort servieren.

TIPP: Für eine alkoholfreie Variante die Sirupmischung mit 200 ml Bitter Lemon und 200 ml kohlensäurereichem Mineralwasser aufgießen.

Glasrandgarnitur
So sieht der Cocktail ganz besonders schön aus: 2 EL Himbeersirup und 1 EL Limettenschalenabrieb jeweils auf einen Teller geben. Zuerst den Glasrand in den Sirup, dann in den Limettenschalenabrieb tauchen.

Streicheleinheit von Karotte, Mango & Co.

350 g Karotten, gewürfelt
1 kleine Schalotte, gehackt
1 cm Ingwer, gehackt
1 kleine Knoblauchzehe, gehackt
2 EL Traubenkernöl
oder anderes neutrales Öl
300 ml Gemüsebrühe
200 ml Kokosmilch
Salz
1 Prise Zucker
Saft und abgeriebene Schale
von ½ Limette
½ Mango, geschält und in feine Scheiben
geschnitten
½ rote Chilischote, entkernt und in feine
Scheiben geschnitten

Karottenstücke, Schalotte, Ingwer und Knoblauch im Öl andünsten, Brühe angießen und mit Deckel 10 Minuten köcheln lassen. Alles mit dem Pürierstab durchmixen, Kokosmilch dazugeben und nochmals aufkochen lassen. Mit Salz, Zucker und Limettensaft abschmecken.

Die beiden längsten Mangoscheiben in Ziehharmonika-Manier auf 2 Holzspieße auffädeln, restliche Mango klein schneiden und in die Suppe geben. Suppe in Schalen füllen, mit Chili und Limettenschalenabrieb garnieren und die Mangospieße auf den Rand legen.

Parfümiertes Lammcurry

1 Nelke
¼ TL schwarze Pfefferkörner
3 Kardamomkapseln
1 Stück Zimtstange, ca. 3 cm lang
1 kleine Zwiebel
1 cm frischer Ingwer, fein gehackt
2 Knoblauchzehen, zerdrückt
300–400 g Lammfilet
1 EL Traubenkern- oder Erdnussöl
Salz

JOGHURTSAUCE
½ TL Kreuzkümmel
½ TL gemahlene Chilischote
10 Safranfäden
175 g Naturjoghurt
40 g Butter
½ TL geriebene Muskatnuss
1 TL Zucker | 2 EL Limettensaft
1 EL Rosenblütenwasser (Apotheke)
Salz
1 EL getrocknete Rosenblätter
(Apotheke)

BASMATIREIS
1 Tasse Basmatireis
1 Nelke | 1 Lorbeerblatt
1 Prise Salz

OBSTGARNITUR
2 frische Feigen
80 g blaue Trauben

Nelke, Pfefferkörner, Kardamomkapseln und Zimt in einer Pfanne ohne Fett rösten, bis es duftet. In den Mixer geben und zerkleinern. Zwiebel grob hacken und zusammen mit dem Ingwer und dem Knoblauch zu den Gewürzen geben. Alles noch mal durchmixen und das Lammfilet damit einstreichen. Mindestens 4 Stunden (besser über Nacht) marinieren lassen.

Den ungelochten Garbehälter in den Ofen einschieben und auf 80 °C vorheizen. Lammfilets in einer Pfanne im heißen Öl kurz anbraten. Filets salzen und in den vorgewärmten Garbehälter legen. Ca. 20 Minuten sanft garen (je nach Größe der Filets).

Für die Joghurtsauce Kreuzkümmel und Chili in einer Pfanne ohne Fett rösten. Zusammen mit den Safranfäden im Mörser zerkleinern. Joghurt und Butter in

das verbliebene Bratfett der Lammfilets geben und bei kleiner Hitze 10 Minuten köcheln lassen. Dabei ständig rühren! Kurz vor dem Servieren die gemörserten Gewürze, Muskat, Zucker, Limettensaft und Rosenblütenwasser unter die Sauce rühren. Mit Salz abschmecken (Rosenfans können noch ein wenig mehr Rosenblütenwasser dazugeben) und mit Rosenblättern bestreuen.

Den Basmatireis mehrmals mit kaltem Wasser waschen, bis das Wasser klar bleibt. Reis und 1 Tasse Wasser mit Nelke, Lorbeerblatt und Salz in einen ungelochten Garbehälter geben und bei 100 °C, Dampfgarstufe, ca. 20 Minuten garen.

Lammfilets halbieren und mit Reis und Sauce auf Tellern anrichten. Das Curry mit Feigenstücken und halbierten entkernten Trauben garnieren.

121

Rosentiramisu mit Litschis und Himbeeren

125 g Mascarpone
50 g Sahne
1 Ei, getrennt
1 Pck. Bourbon-Vanillezucker
3 TL Rosenblütenwasser (Apotheke)
1 Prise Salz
50 g TK-Himbeeren, aufgetaut
5 Litschis
1½ EL Himbeersirup
5 Löffelbiskuits
einige getrocknete
Rosenblätter (Apotheke)

Mascarpone und Sahne cremig rühren. Eigelb, Vanillezucker und 1 TL Rosenblütenwasser unterziehen. Eiweiß mit Salz steif schlagen und unter die Mascarponemasse heben. 2 schöne Himbeeren für die Dekoration beiseitelegen. Die Litschis schälen, entsteinen, klein schneiden und mit Himbeersirup, restlichem Rosenblütenwasser und Himbeeren mischen.

Löffelbiskuits zurechtschneiden und eine Schicht in die Gläser legen. Mit 1 EL Himbeermischung tränken, Mascarponecreme darübergeben und so fortfahren, bis die Biskuits aufgebraucht sind; mit der Creme abschließen. Das Dessert mit etwas zerriebenen Rosenblättern und einer Himbeere dekoriert servieren.

Rosenblütenwasser
Rosenblütenwasser ist ein Nebenprodukt, das bei der Herstellung von ätherischem Rosenöl aus den Blüten der Damaszenerrose anfällt. Besonders geeignet zum Aromatisieren von Süßigkeiten, Desserts und Kuchen. Da es sehr intensiv ist, sollte es vorsichtig dosiert werden!

Seelentröster

WOHLFÜHLMENÜ FÜR KALTE ZEITEN

Rote-Bete-Suppe mit Wasabi und Eierstichrauten

Rehrücken mit Walnuss-Pilz-Kruste und Selleriepüree

Gewürzter Schokoladenkuchen mit eingelegten Bananen

[Rezepte für 6 Personen]

Rote-Bete-Suppe mit Wasabi und Eierstichrauten

ROTE-BETE-SUPPE

600 g Rote Bete

200 g mehlig kochende Kartoffeln

abgeriebene Schale und Saft
von 1 Limette

Meersalz

schwarzer Pfeffer aus der Mühle

1 l Gemüsebrühe

1 TL Palmzucker (Reformhaus)

200 g Sahne

3 TL Wasabipaste

1 TL Dijonsenf

2 EL fein geschnittener Schnittlauch

EIERSTICHRAUTEN

2 Eier, verquirlt

60 g Sahne

1 Prise Meersalz

1 Prise Muskat

2 EL fein geschnittene frische Kräuter

Rote Bete mit Einmalhandschuhen putzen, schälen, abspülen, abtropfen lassen und grob würfeln. Die Kartoffeln schälen, ebenfalls grob würfeln und mit der Roten Bete in den gelochten Garbehälter geben. Mit Limettenschalenabrieb, Salz und Pfeffer würzen und bei 100 °C, Dampfgarstufe, ca. 20 Min garen. Anschließend alles fein pürieren. Die Brühe zum Kochen bringen und das Püree einrühren. Palmzucker, Sahne, 1 EL Limettensaft, Wasabipaste und Senf unterrühren und mit Salz und Pfeffer abschmecken. Die Suppe durch ein Sieb streichen.

Für den Eierstich alle Zutaten gut verrühren. Einen kleinen ungelochten Garbehälter mit Backpapier auslegen und die Masse einfüllen. Bei 85 °C, Dampfgarstufe, ca. 10 Minuten garen und weitere 5 Minuten ziehen lassen.

Den Eierstich in Rauten schneiden und in die Suppe einlegen. Suppe mit fein geschnittenem Schnittlauch garniert servieren.

Rehrücken mit Walnuss-Pilz-Kruste und Selleriepüree

1,5 kg Rehrücken mit Knochen
Salz
schwarzer Pfeffer aus der Mühle
2 EL Öl zum Braten

Rehrückenfleisch und Filets von den Knochen ablösen, in Frischhaltefolie wickeln und kühl stellen. Die Knochen in Stücke hacken, abbrausen, trocken tupfen und mit den Fleischabschnitten für die Sauce verwenden.
ACHTUNG: Zunächst mit Sauce und Kruste fortfahren!

Den Rehrücken mit Salz und Pfeffer würzen und in etwas Öl anbraten. Auf einen ungelochten Garbehälter geben und bei 80 °C, Sanftgarstufe, ca. 20–25 Minuten in den Ofen geben. Wer ein Bratenthermometer besitzt, kann nachmessen: Die Fleischinnentemperatur sollte 56–58 °C erreichen.

SAUCE
1 EL zerstoßene Pfefferkörner
4 EL Öl | 1 Stange Staudensellerie
1 Karotte | 2 Schalotten
40 g durchwachsener Räucherspeck
1 TL Tomatenmark | 1 TL Senf
200 ml kräftiger Rotwein
100 ml roter Portwein | 400 ml Brühe
5 Wacholderbeeren | 3 Pimentkörner
1 Lorbeerblatt | 4 Thymianzweige
200 g Sahne | 1 EL Johannisbeergelee
3 EL frisch gepresster Orangensaft
Salz

Zerstoßene Pfefferkörner in heißem Öl 2 Minuten anrösten. Rehknochen und -abschnitte zufügen, unter Wenden stark anrösten. Sellerie putzen, Karotten und Schalotten schälen. Gemüse und Speck grob würfeln, in den Topf geben und leicht mitbräunen. Tomatenmark und Senf einrühren.
Die Hälfte von Rot- und Portwein angießen und einkochen lassen. Dabei die Röststoffe mit einem Spatel von Topfboden und -rand lösen. Vorgang mit

restlichem Rot- und Portwein wiederholen und erneut einkochen lassen. Brühe angießen, Gewürze und Thymian zufügen und alles zugedeckt 45 Minuten köcheln lassen. Die Knochen herausnehmen und die Sauce durch ein feines Sieb gießen, Gemüse dabei leicht ausdrücken. Die Sauce mit Sahne aufgießen und um knapp ⅓ einkochen lassen.
Die Sauce erst unmittelbar vor dem Servieren mit Johannisbeergelee, Orangensaft und Salz abschmecken.

WALNUSS-PILZ-KRUSTE
2 Scheiben Toastbrot ohne Rinde
½ Schalotte, fein gehackt
75 g Steinpilze, fein gewürfelt
75 g Pfifferlinge, fein gewürfelt
½ EL fein gehackte Petersilie
60 g Butter | 25 g Walnüsse, fein gehackt
½ TL fein gehackter Rosmarin
schwarzer Pfeffer aus der Mühle

Den Toast fein zerreiben. Schalotte, Steinpilze, Pfifferlinge und Petersilie in 2 EL Butter 5 Minuten andünsten. Auf Küchenpapier abtropfen lassen und beiseitestellen.
Die restliche Butter mit dem Handrührgerät schaumig schlagen und nach und nach die Toastbrotbrösel, Walnüsse sowie die Schalotten-Pilz-Mischung

dazugeben. Mit Rosmarin, Salz und Pfeffer abschmecken.
Den Grill des Elektroherds vorheizen. Die Kruste auf dem fertig gegarten Rehrücken verteilen und unter dem Grill ca. 8 Minuten bräunen.

SELLERIEPÜREE UND -CHIPS
1 Sellerieknolle (ca. 500 g)
Saft von ½ Limette
30 g braune Butter (siehe Tipp)
Salz | schwarzer Pfeffer aus der Mühle
etwas Muskatnuss
150 g Sahne
250 ml Öl zum Frittieren der Chips

⅔ des Selleries schälen und klein würfeln. Mit Limettensaft beträufeln und bei 100 °C, Dampfgarstufe, ca. 12 Minuten garen. Inzwischen die braune Butter zubereiten. Die fertigen Selleriestücke in einen Topf geben und mit dem Stabmixer fein pürieren. Das Püree mit Salz, Pfeffer und Muskat würzen und bei sanfter Hitze die Sahne unterrühren. Zum Schluss die braune Butter unterziehen.

Für die Selleriechips den Rest der Knolle in 12 feine Scheiben hobeln oder mit der Aufschnittmaschine in feine Scheiben schneiden.
Das Öl erhitzen – es ist heiß genug, wenn sich am Stiel eines hölzernen Kochlöffels Bläschen bilden. Selleriescheiben einlegen und goldgelb frittieren. Mit einem Schaumlöffel herausnehmen und auf Küchenpapier abtropfen lassen.

SPECKBOHNEN

250 g grüne Bohnen
2 Zweige Bohnenkraut
50 g gekochter Räucherspeck

Die Bohnen putzen und mit dem Bohnenkraut im gelochten Garbehälter bei 100 °C, Dampfgarstufe, in ca. 8–10 Minuten bissfest garen. Speck würfeln, in einer Pfanne auslassen und die gut abgetropften Bohnen darin schwenken.

Etwas Selleriepüree und 2 EL Speckbohnen auf vorgewärmten Tellern anrichten. Den Rehrücken in 6 Stücke portionieren und auf die Bohnen setzen. Die Sauce um das Fleisch geben und das Gericht mit den Selleriechips garnieren.

**Braune Butter oder
„Beurre noisette"**
Butter in der Pfanne schmelzen lassen und sanft weiter erhitzen, bis sie goldbraun ist und ein nussiges Aroma hat. Vorsicht: Nicht zu dunkel werden lassen!

Gewürzter Schokoladenkuchen mit eingelegten Bananen

SCHOKOLADENKUCHEN
150 g Kuvertüre, 70 % Kakaogehalt
150 g Butter | 6 Eier
225 g Zucker
1 Spritzer Zitronensaft
je 1 Prise Zimt, Kardamom, Lebkuchen-
gewürz und Salz
90 g Amarantmehl
etwas Butter und Zucker für die Förmchen

EINGELEGTE BANANEN
200 g Zucker
250 g Passionsfruchtsaft
1 Vanilleschote
1 Zimtstange
2–3 Bananen

Den Zucker in einem Topf schmelzen, bis er karamellisiert. Mit dem Passionsfruchtsaft ablöschen, Vanilleschote und Zimtstange zugeben. Alles ca. 10 Minuten köcheln lassen. Die Masse sollte nach dem Erkalten eine honigartige Konsistenz haben. Das testet man, indem man etwas von der heißen Sauce auf einen kalten Unterteller gibt. Nach dem Erkalten die Bananen in die Sauce schneiden.
Zum Anrichten die eingelegten Bananen auf einem Teller verteilen und den Schokoladenkuchen daneben stürzen.

ACHTUNG: Am Vortag beginnen!
Die Kuvertüre mit der Butter im Wasserbad schmelzen. Eier unterrühren, Zucker, Zitronensaft, sämtliche Gewürze und das Mehl unterheben. Den Teig ca. 12 Stunden, am besten über Nacht, ruhen lassen.
6 Souffléförmchen oder Kaffeetassen (nicht zu groß) mit Butter ausstreichen und auszuckern. Die Schokoladenkuchenmasse in die Förmchen füllen, sodass diese zu ⅔ gefüllt sind. Den Backofen auf 180 °C, Heißluft, vorheizen und die Kuchen je nach Größe der Förmchen oder Tassen ca. 12–15 Minuten backen. Die Kuchen sollten nach dem Backen in der Mitte noch flüssig sein.

Glanz & Gloria

DAS GROSSE FINALE

Mandelsuppe mit Feige

Jakobsmuscheln mit Lavendel-Kirsch-Sauce und Karottenpüree

Granatapfel-Granité

Gewürzentenbrust mit Orangen-Pflaumenwein-Sauce und Gemüsetürmchen

Limetten-Kokos-Flan mit Rosa-Pfeffer-Suppe

[Menü für 6 Personen]

Mandelsuppe
mit Feige

700 ml kräftige Hühnerbrühe
2 junge Knoblauchzehen,
entkeimt und fein gehackt
100 g Mandeln,
abgezogen und fein gehackt
1 EL Saft und 1 TL abgeriebene Schale
von 1 Bio-Zitrone
200 g Crème fraîche
Salz | schwarzer Pfeffer aus der Mühle
1 Prise Zucker
2 frische Feigen
1½ EL Feigenessig
(alternativ: Sherryessig)

GARNITUR
2 EL abgezogene, gehackte Mandeln
1 EL natives Olivenöl
ca. 12 Safranfäden
einige Zitronenzesten (mit einem
Zestenreißer lösen)

Hühnerbrühe mit Knoblauch und Mandeln aufkochen. Zitronensaft mit Crème fraîche verrühren, in die Brühe geben und mit dem Pürierstab schaumig schlagen. Mit Salz, Pfeffer, Zitronenschalenabrieb und etwas Zucker abschmecken. 1½ Feigen in kleine Würfel, restliche Feige in feine Spalten schneiden. Feigenwürfel in 1 EL Essig einlegen. 15 Minuten marinieren und die Feigenwürfel auf Gläser oder Tassen verteilen.
In einer Pfanne 2 EL gehackte Mandeln ohne Fett goldgelb rösten. Herausnehmen und beiseitestellen. Olivenöl in derselben Pfanne leicht erwärmen.

Vom Herd nehmen und die Safranfäden hineingeben (Vorsicht: Das Öl darf nicht zu heiß sein, sonst verbrennt der Safran). Mit einem Holzlöffel umrühren, sodass sich das Öl gelb färbt. Mandelsuppe nochmals aufschlagen und auf die Gläser oder Tassen verteilen. Mit gehackten Mandeln, feinen Zitronenzesten und Feigenspalten garnieren. Mit einigen Tropfen Sherryessig und Safran-Olivenöl beträufeln und sofort servieren.

TIPP: Dieses Süppchen kann man wunderbar in Tumblern (Whiskygläsern) servieren.

Jakobsmuscheln mit Lavendel-Kirsch-Sauce und Karottenpüree

12 frische Jakobsmuscheln
Salz | Sezchuan-Pfeffer aus der Mühle
½ Schalotte | 1 kleine Knoblauchzehe
1 Gewürznelke | ½ Zimtstange
etwas Butter zum Einfetten

SAUCE
24 eingelegte Amarenakirschen
+ 12 EL Amarenasaft
1 EL Rotweinessig
¼ TL getrocknete Lavendelblüten
(Apotheke)
Salz | schwarzer Pfeffer aus der Mühle
1 EL kalte Butter

KAROTTENPÜREE
300 g Karotten
etwas Butter zum Einfetten | 3 EL Sahne
Salz | schwarzer Pfeffer aus der Mühle
etwas gemahlene Muskatblüte

ACHTUNG: Karottenpüree zuerst zubereiten und dann warm halten!
Jakobsmuscheln säubern, Corail (orangefarbener Rogensack der Muschel) ggf. entfernen, abspülen und trocken tupfen. Vorsichtig salzen und pfeffern.

Für die Sauce die Amarenakirschen abtropfen lassen und den aufgefangenen Saft mit Rotweinessig und Lavendelblüten zum Kochen bringen. Etwas einkochen und mindestens 10 Minuten ziehen lassen. Die Sauce durch ein Sieb abgießen, mit Salz und Pfeffer abschmecken und die abgetropften

Die Karotten schälen und in Scheiben schneiden. In einen gebutterten, gelochten Garbehälter legen und bei 100 °C, Dampfgarstufe, ca. 12 Minuten weich

Amarenakirschen einlegen. Nochmals erwärmen und 1 EL kalte Butter unterrühren.

Schalotte, Knoblauchzehe, Gewürznelke und Zimtstange in die Verdampferschale legen. Den gelochten Garbehälter mit etwas Butter ausstreichen und die Jakobsmuscheln bei 75 °C in der 2. Rille von unten 3–5 Minuten (je nach Größe der Muscheln) garen.

Jakobsmuscheln mit Karottenpüree auf Tellern anrichten und mit der Kirschsauce beträufeln.

garen. In einen Mixer geben und mit der Sahne fein pürieren. Mit Salz, Pfeffer und Muskatblüte abschmecken.

132

Granatapfel-Granité

½ l Mangosaft
½ l Orangensaft
Saft von 1 Limette
ausgelöstes Mark von 1 Vanilleschote
1 Granatapfel

ACHTUNG: Mit dem Granité beizeiten beginnen!

Die Säfte mit dem Vanillemark gründlich durchmixen. In einen Behälter gießen und für mindestens 3 Stunden in die Kühltruhe oder das Vier-Sterne-Fach des Kühlschranks stellen. Alle 30 Minuten das eben gefrorene Eis mit einer Gabel von der Oberfläche kratzen und in einem separaten Behälter eisgekühlt halten. Den Granatapfel halbieren und mit einem Kochlöffel über einer Schüssel auf den Granatapfel schlagen, sodass die Kerne in die Schüssel fallen.

Granité und ausgelöste Granatapfel-kerne abwechselnd in Sektkelche oder Dessertgläser schichten und sofort servieren.

Variante mit Sekt
Alternativ kann das Granatapfel-Granité kurz vor dem Servieren mit eisgekühltem Sekt oder Prosecco aufgegossen werden. Dazu den Sekt vorsichtig in die bereits mit Granité gefüllten Gläser gießen und sofort servieren.

135

Gewürzentenbrust mit Orangen-Pflaumenwein-Sauce und Gemüsetürmchen

GEMÜSETÜRMCHEN

1 Sellerieknolle

3 EL Butterschmalz

Salz | schwarzer Pfeffer aus der Mühle

½ TL gemahlener Koriander

125 g kleine Zuckerschoten

6 große Champignons

2 cm frischer Ingwer

1 Knoblauchzehe

5 Backpflaumen, entsteint

2 EL weißer Balsamico-Essig

1 EL fein gehackter frischer Koriander

136

ENTENBRUST

4 Entenbrustfilets (à ca. 300 g)

1 TL Fünf-Gewürze-Pulver (Asia-Laden)

Salz

SAUCE

200 ml Pflaumenwein

Saft und abgeriebene Schale von

1 großen Bio-Orange

Sellerie schälen und in 18 sehr dünne Scheiben schneiden (Aufschnittmaschine). Den gelochten Garbehälter mit Butterschmalz einstreichen, Selleriescheiben hineinlegen und mit Salz, Pfeffer und Koriander würzen. Die Zuckerschoten waschen, putzen, ebenfalls auf einen mit Butterschmalz eingestrichenen gelochten Garbehälter legen und leicht salzen. Den Sellerie bei 100 °C, Dampfgarstufe, ca. 5 Minuten garen, die Zuckerschoten ca. 4 Minuten mitgaren. Die Champignons mit Küchenpapier abreiben. Stiele entfernen und beiseitestellen. Champignonkappen in dünne Scheiben schneiden und im restlichen Butterschmalz anbraten. Salzen, leicht pfeffern und beiseitestellen. Pilzstiele, Ingwer, Knoblauch, 2 Backpflaumen, Essig und Koriander im Mixer zerkleinern, sodass eine Paste entsteht. Mit Salz und Pfeffer würzen.

Die Gemüsetürmchen in einem gebutterten, gelochten Garbehälter in folgender Reihenfolge zusammenbauen: Selleriescheibe – Paste – Champignonscheiben – Zuckerschoten – Paste. Das Ganze wiederholen und mit einer Selleriescheibe abschließen. Auf diese Weise 6 Türmchen herstellen und beiseitestellen.

Die Fettseite der Entenbrüste rautenförmig einschneiden, mit Fünf-Gewürze-Pulver würzen. 75 ml Wasser in einer Pfanne zum Kochen bringen, Entenbrüste mit der Fettseite nach unten hineinlegen. Bei starker Hitze Wasser verkochen lassen und Fleisch auf beiden Seiten kurz scharf anbraten – so können die Würzaromen besser ins Fleisch einziehen. Entenbrüste herausnehmen und salzen. In einen ungelochten Garbehälter legen und in der 2. Rille von unten bei 160 °C, CircoSteam, ca. 12 Minuten garen. Die Gemüsetürmchen während der letzten 4 Minuten einschieben, um sie aufzuwärmen. Für die Sauce das zurückgebliebene Bratenfett in einem Topf erhitzen. Mit Pflaumenwein und Orangensaft ablöschen. Sirupartig einkochen lassen und mit Orangenschalenabrieb abschmecken. Die Entenbrüste in Scheiben schneiden und mit dem Gemüsetürmchen und der Sauce anrichten. Die übrigen Backpflaumen halbieren und die Gemüsetürmchen mit den Pflaumenhälften garnieren.

Limetten-Kokos-Flan mit Rosa-Pfeffer-Suppe

Für 6 Förmchen von ca. 100 ml Inhalt

125 g Zucker
½ Vanilleschote, längs halbiert, Mark ausgelöst
350 ml Kokosmilch
2 Eier
2 Eigelbe
Saft von 2 Bio-Limetten
abgeriebene Schale von 1 Bio-Limette

Die Förmchen bei 75 °C im Dampfback-ofen vorwärmen. 75 g Zucker bergartig in eine Pfanne schütten und bei mittlerer Hitze karamellisieren lassen. Wenn der Zucker klar und goldbraun ist, Pfanne vom Herd ziehen. Karamell auf 6 Förm-chen verteilen.

Vanilleschote und -mark mit der Kokos-milch langsam zum Kochen bringen. Vom Herd nehmen und abkühlen lassen. Eier, Eigelbe und übrigen Zucker sehr schau-mig schlagen, dabei langsam Limetten-saft und -schalenabrieb zugeben. Vanille-schote aus der Kokosmilch nehmen und

Kokosmilch unter die Eimasse rühren. Die Mischung in die Förmchen füllen und mit hitzebeständiger Folie abdecken. Die Förmchen in einem gelochten Garbehälter in der 2. Rille von unten bei 100 °C, Dampfgarstufe, 50–60 Minuten garen. Herausnehmen, abkühlen lassen und mindestens 2 Stunden kalt stellen. Danach auf Teller stürzen.

TIPP: Die Flans können schon am Vortag zubereitet werden. Förmchen dann abgedeckt im Kühlschrank kalt stellen, bis sie gestürzt werden.

139

ROSA-PFEFFER-SUPPE
750 ml Sauternes
oder ein anderer Dessertwein
120 g Zucker
1 EL rosa Pfeffer, leicht zerdrückt
1 Zimtstange
abgeriebene Schale von
½ Bio-Zitrone und ½ Bio-Orange
1 rosa und 1 gelbe Grapefruit
2 Orangen
5 Kumquats (Zwergorangen)

Den Wein mit Zucker, Pfeffer und Zimt-stange zum Kochen bringen. 3 Minuten köcheln lassen, vom Herd nehmen und abkühlen lassen. Zimtstange entfernen und die Suppe mit fein abgeriebener Zi-tronen- und Orangenschale parfümieren.

Grapefruits und Orangen filetieren. Kumquats mit Schale in Scheiben schneiden. Früchte in der Weinsuppe mindestens 3 Stunden im Kühlschrank marinieren. Zusammen mit den gestürz-ten Flans servieren.

Back-Wahn

AUF ZUR GROSSEN KAFFEETAFEL!

Cranberry-Whisky-Muffins

Jasmin-Pistazien-Schnecken

Safran-Cheesecake mit Himbeeren

Polentakuchen mit Sanddorn-Birnen

Karibischer Süßkartoffelpudding mit Kokossahne

Erdnuss-Kokos-Schichttorte

Apfel-Mandel-Kuchen

Blutorangentarte

Früchte-Gugelhupf

Dattel-Feigen-Kuchen

Süße Beerentee-Raute

Cranberry-Whisky-Muffins

Für ca. 18 Stück
(je nach Förmchengröße)

120 g getrocknete Cranberrys
Saft von 1 Zitrone
175 g weiche Butter
140 g Zucker
ausgelöstes Mark von 1 Vanilleschote
1 Prise Salz
4 Eier
100 g weiße Schokolade, fein gerieben
100 g Crème fraîche
250 g Mehl
2 TL Weinstein-Backpulver
2 EL grob gehackte Pistazien
5 EL Whisky
etwas Puderzucker zum Bestäuben

AUSSERDEM
1 Muffin-Backblech
18 Papiermanschetten

ACHTUNG: Die Cranberrys bereits am Vorabend in Zitronensaft einlegen! Behälter verschließen.
Butter, Zucker, Vanillemark und Salz schaumig rühren. Eier nach und nach unterrühren. Die geriebene Schokolade zusammen mit der Crème fraîche unter die Ei-Butter-Masse mischen. Mehl und Backpulver darübersieben, gehackte Pistazien dazugeben und alles mit einem Teigspatel unterheben. Cranberrys unter den Teig heben. Den Teig mit Whisky parfümieren.
Dampfbackofen auf 160 °C, CircoSteam, vorheizen. Mulden des Muffinblechs jeweils mit 1 Papiermanschette auslegen und den Teig einfüllen.
Muffins in der Ofenmitte bei 160 °C 10 Minuten mit CircoSteam, dann ca. 15 Minuten mit Heißluft backen. Stäbchenprobe! Aus dem Ofen nehmen und etwas abkühlen lassen. Muffins herausnehmen, auf ein Kuchengitter setzen und mit Puderzucker bestäuben.

TIPP: Whiskyfans können die Cranberrys in Whisky anstatt Zitronensaft einweichen. Falls Kinder mitessen, kann der Whisky durch Cranberry- oder Kirschsaft ersetzt werden.

Jasmin-Pistazien-Schnecken

Für ca. 20 Stück

HEFETEIG
300 ml Vollmilch
5 TL Jasmintee (grüner Tee mit
Jasminblüten) oder 5 Teebeutel
50 g weiche Butter
1 Ei
1 Pck. Bourbon-Vanillezucker
1 Prise Salz
ausgelöstes Mark von 1 Vanilleschote
500 g Mehl
1 Pck. Trockenhefe

FÜLLUNG
100 g Pistazien, fein gehackt
80 g Zucker
¼ TL gemahlener Kardamom
4 EL Crème fraîche

Puderzucker zum Bestäuben

Für den Hefeteig die Milch mit dem Jasmintee zum Kochen bringen. Vom Herd nehmen und 5 Minuten ziehen lassen. Durch ein Sieb gießen, die Teeblätter dabei gut ausdrücken. 3 EL Jasminmilch für die Füllung beiseitestellen. Restliche Milch für die Teigzubereitung verwenden. Alle Teigzutaten in der Rührschüssel der Küchenmaschine zu einem glatten Teig verarbeiten. In der 2. Rille von unten bei 40 °C, Gärstufe, 20 Minuten gehen lassen.

Alle Zutaten für die Füllung sowie die beiseitegestellte Jasminmilch mischen. Den Hefeteig auf der bemehlten Arbeitsfläche zu einem großen Rechteck (ca. 30 x 40 cm) ausrollen. Füllung darauf verteilen, dabei einen ca. 2 cm breiten

Rand frei lassen. Von der längeren Seite her aufrollen und die Rolle mit einem scharfen Messer in ca. 2 cm dicke Scheiben schneiden.

Eine runde Backform (32 cm Ø) mit Backpapier auslegen. Die Pistazienschnecken hineinlegen und weitere 20 Minuten auf Gärstufe gehen lassen. Dampfbackofen auf 180 °C, CircoSteam, vorheizen. Pistazienschnecken auf der 2. Rille von unten ca. 25 Minuten backen.

Aus dem Ofen nehmen und 5 Minuten abkühlen lassen. Aus der Form nehmen und auf einem Kuchengitter vollständig auskühlen lassen. Die Pistazienschnecken mit etwas Puderzucker bestäuben.

Safran-Cheesecake mit Himbeeren

Für 1 Backform von 24 cm Ø

BODEN
100 g Butterkekse
50 g Butter, zerlassen
30 g Zucker

FÜLLUNG
500 g Doppelrahmfrischkäse
4 Eier
90 g Zucker
1 EL Mehl
ausgelöstes Mark von ½ Vanilleschote
1 Döschen Safranpulver (0,1 g)
1 Prise Salz
300 g Sahne
250 g frische Himbeeren

Dampfbackofen auf 160 °C, CircoSteam, vorheizen.
Für den Boden die Kekse im Mixer fein zerkrümeln. Mit flüssiger Butter und Zucker mischen und in eine mit Backpapier ausgelegte Backform drücken. Für die Füllung Doppelrahmfrischkäse mit Eiern, Zucker, Mehl, Vanillemark, Safran und Salz cremig rühren. Sahne steif schlagen und unter die Käsemasse ziehen. Die Himbeeren auf den Boden setzen, Käsefüllung darauf verteilen. Kuchen in der Ofenmitte 20 Minuten bei 160 °C, CircoSteam, dann weitere 20 Minuten bei 160 °C, Heißluft, backen – während der letzten 10 Minuten mit einem Bogen Backpapier abdecken. Ofen ausschalten und den Cheesecake noch 10 Minuten im Ofen lassen. Herausnehmen, 15 Minuten abkühlen lassen, dann vorsichtig aus der Form lösen und auf ein Kuchengitter setzen.

Dampfbacken
Durch Dampf beim Backen werden die Kuchen lockerer und saftiger, weil nicht so viel von der Feuchtigkeit des Backgutes an den Ofen weitergegeben wird. Blätterteig zieht schöner hoch und wird dadurch noch luftiger. Süße Teige können stärker aufgehen, bevor der Zucker fest wird.

Polentakuchen mit Sanddorn-Birnen

**Für 1 eckige Backform von 23 x 23 cm
oder 1 runde Backform von 28 cm Ø**

**9 kleine Birnen
Saft von 1 Bio-Zitrone
4–5 EL Sanddornmark (Reformhaus)**

**TEIG
150 g Butter
100 g Zucker
ausgelöstes Mark von ½ Vanilleschote
½ TL gemahlener Zimt
abgeriebene Schale von ½ Bio-Zitrone
3 Eier
125 g Polentagrieß (fein)
125 g Mehl
2 TL Weinstein-Backpulver
1 Prise Salz**

**etwas Butter und Mehl für die Form
Puderzucker zum Bestäuben**

Dampfbackofen auf 175 °C, CircoSteam, vorheizen. Boden der Backform mit Backpapier auslegen, Ränder buttern und bemehlen.
Birnen schälen, an der Unterseite mit einem Kugelausstecher das Kerngehäuse auslösen. Birnen mit Zitronensaft beträufeln und beiseitestellen.

Für den Teig Butter und Zucker mit Vanillemark, Zimt und Zitronenabrieb cremig rühren. Eier nach und nach unterrühren. In einer Schüssel Polentagrieß, Mehl, Backpulver und Salz mischen und unter die Eiermasse heben. Den Teig in die Backform füllen und glatt streichen. Die Birnen in den Teig setzen.

Den Kuchen in der Ofenmitte 30 Minuten bei 175 °C, CircoSteam, dann ca. 5 Minuten bei 150 °C, Heißluft, backen. Falls der Kuchen zu dunkel wird, mit einem Bogen Backpapier abdecken. Herausnehmen, 5 Minuten auskühlen lassen, dann vorsichtig aus der Form lösen.

Birnen mit dem Sanddornmark bestreichen und den Kuchen auf einem Kuchengitter vollständig abkühlen lassen. Mit Puderzucker bestäubt servieren.

146

Karibischer Süßkartoffelpudding mit Kokossahne

Für 1 kleine Kranzform oder 1 Springform von 24 cm Ø

600 g rote Süßkartoffeln
100 ml Kokosmilch
3 Eier | 120 g hellbrauner Rohrzucker
abgeriebene Schale von ½ Bio-Zitrone
abgeriebene Schale von 1 Bio-Orange
2 TL Weinstein-Backpulver
¼ TL geriebene Muskatnuss
ausgelöstes Mark von ½ Vanilleschote
1 Prise Salz
2–3 EL brauner Rum, zum Tränken
2 EL Kokosraspel, zum Bestreuen

etwas Butter und Mehl für die Form

KOKOSSAHNE
100 ml Kokosmilch
100 g Sahne
1 Pck. Bourbon-Vanillezucker

Die Süßkartoffeln waschen und in einen gelochten Garbehälter legen. In der 2. Rille von unten bei 100 °C, Dampfgarstufe, ca. 25–35 Minuten (je nach Größe) garen. Süßkartoffeln etwas abkühlen lassen, dann durch ein Passiergerät („Flotte Lotte") drehen.

Kokosmilch, Eier, Zucker, Zitrusschalenabrieb, Backpulver, Gewürze und Salz cremig schlagen. Passierte Süßkartoffeln zugeben und unterheben.

Die Backform gut ausbuttern, mit Mehl bestäuben und den Boden mit Backpapier auslegen. Teig einfüllen und bei

Eiskalte Kokosmilch und Schlagsahne zusammen mit dem Vanillezucker halb steif schlagen und zum Pudding servieren.

160 °C, CircoSteam, ca. 50 Minuten backen. Stäbchenprobe machen!

Aus dem Ofen nehmen, mit einem Messer den Kuchen vom Rand lösen und 5 Minuten abkühlen lassen. Vorsichtig auf ein Gitter stürzen und die Oberfläche mit einem Holzspieß mehrmals einstechen. Mit Rum tränken und mit Kokosraspeln bestreuen.

TIPP: Besonders gut zur glutenfreien Ernährung geeignet.

149

Erdnuss-Kokos-Schichttorte

**Für 1 kleine Springform von 18 cm Ø
(am besten 2 Formen verwenden)**

TEIG
125 g zimmerwarme Butter
125 g Zucker
ausgelöstes Mark von ½ Vanilleschote
1 Prise Salz | 2 Eier
80 g Mehl | ½ TL Weinstein-Backpulver
50 g Kokosraspel

BELAG
40 g halbierte frische Erdnusskerne

ANANASFÜLLUNG
300 g frische Ananas, fein gewürfelt
2 cm Zimtstange | 1 Sternanis

ZUM TRÄNKEN
2 EL Rum mit Kokosaroma (z. B. Malibu)

TONKABOHNENSAHNE
knapp ½ Tonkabohne (Apotheke)
300 g Sahne
1 Pck. Bourbon-Vanillezucker
1 Pck. Sahnesteif

DEKORATION
1 Bio-Limette

LIMETTENKARAMELL
3 EL Zucker
1 EL Limettensaft

Den Backofen auf 180 °C, Ober-/Unterhitze, vorheizen.

Für den Teig Butter, Zucker, Vanillemark und Salz schaumig rühren, nach und nach die Eier zugeben. Das Mehl mit Backpulver darübersieben und mit den Kokosraspeln unterziehen. Den Boden der Springform passgenau mit Backpapier auslegen. Insgesamt 6 einzelne Böden backen (mit zwei Formen geht das doppelt so schnell). Böden bei 180 °C, Ober-/Unterhitze, ca. 10 Minuten goldgelb backen. Einen Boden mit den Erdnusskernen bestreuen und diesen ca. 12 Minuten backen. Alle Böden auf einem Gitter auskühlen lassen.

Für die Ananasfüllung alle Zutaten in einen Topf geben und bei kleiner Hitze 5 Minuten köcheln lassen; dabei soll die gesamte Flüssigkeit verdampfen. In ein feines Sieb geben, abtropfen und abkühlen lassen. Gewürze entfernen.

Für die Sahnefüllung die Tonkabohne mit einer Muskatreibe in die eiskalte Sahne reiben und die Sahne mit Vanillezucker und Sahnesteif steif schlagen (Rührschüssel vorher in die Tiefkühltruhe stellen).

Einen Tortenring um den ersten Boden legen und mit dem Tortenaufbau beginnen. Auf den ersten Boden kommt die Ananasfüllung, die nächsten Böden werden jeweils mit Rum getränkt und mit Sahnefüllung bestrichen. Etwas Schlag-

sahne für den Tortenrand übrig lassen. Mit dem mit Erdnüssen belegten Boden abschließen. Restliche Schlagsahne um den Tortenrand streichen.

Mit einem Zestenreißer feine Fäden von der Limettenschale abziehen und beiseitelegen. Aus Zucker und Limettensaft einen hellbraunen Karamell kochen und diesen in feinen Fäden über die Torte gießen. Sofort mit den Limettenschalenstreifen bestreuen, damit die Zesten auf dem Karamell haften bleiben. Die Torte unbedingt kühl stellen. Sie schmeckt am nächsten Tag noch besser – so haben die Aromen Zeit, etwas durchzuziehen. Die Torte mit einem Elektromesser schneiden.

TIPP: Besonders geeignet, wenn man am Tag zuvor Zeit hat. Bitte frische Erdnüsse mit Schale verwenden.

Apfel-Mandel-Kuchen

**Für 1 große runde Form von 28 cm Ø oder
2 kleine Formen von 20 cm Ø**

BELAG
1 kg Äpfel
125 g Zimtzucker
30 ml Rum
50 g Mandeln, gerieben

TEIG
300 g Butter
**300 g Rohrzucker | 5 Eier, getrennt
ausgelöstes Mark von 1 Vanilleschote
abgeriebene Schale von von 1 Bio-Zitrone**
1 Prise Salz
100 g Mandeln, gemahlen
225 g Dinkelvollkornmehl
1 TL Weinstein-Backpulver

MARZIPANSPITZEN
200 g Marzipanmasse
1 Eigelb

Für den Belag die Äpfel schälen, in Würfel schneiden und mit Zimtzucker, Rum und Mandeln vermischen. Beiseitestellen.

Für den Teig Butter mit Zucker schaumig schlagen, nach und nach Eigelbe zugeben, Vanillemark und Zitronenschalenabrieb unterheben. Eiweiße mit 1 Prise Salz halb steif schlagen und unterheben.

Mandeln, Mehl und Backpulver unterheben. Den Teig in die gefettete Form füllen und bei 160 °C, CircoSteam, ca. 30 Minuten backen. Die Äpfel darauf verteilen und 20 Minuten weiterbacken. Marzipan mit dem Eigelb verkneten und mit dem Spritzbeutel Spitzen auf den Kuchen setzen und 10 Minuten fertig backen.

Blutorangentarte

Für 1 Tarteform von 28 cm Ø

MÜRBTEIG
350 g Dinkelvollkornmehl
200 g Butter | 100 g brauner Zucker
1 Eigelb
1 Prise Salz | 1 Prise Zimt

ACHTUNG: Alle Zutaten sollten Zimmertemperatur haben!
Alle Zutaten rasch zu einem glatten Teig verarbeiten. In Frischhaltefolie wickeln und ca. 15 Minuten im Kühlschrank ruhen lassen. Den Teig auf einer leicht bemehlten Arbeitsfläche etwas größer als die Tarteform ausrollen und die Form damit auslegen. Bei 160 °C, Heißluft, ca. 12 Minuten backen.

FÜLLUNG
80 g Agavendicksaft (Reformhaus)
2 Eier | 35 g Speisestärke
Saft von 1–2 Blutorangen (ca. 80 ml)
1 kg Schmand

Den Agavendicksaft mit Eiern, Stärke und dem Blutorangensaft gut verrühren. Schmand unterheben und auf den vorgebackenen Mürbteig in die Tarteform geben. Bei 160 °C, CircoSteam, ca. 30 Minuten backen.

GARNITUR
Orangenfilets
1 Pck. roter Tortenguss (Zubereitung nach Packungsanweisung)

Nach dem Erkalten die Tarte aus der Form heben, mit Tortenguss bestreichen und mit Orangenfilets garnieren.

Früchte-Gugelhupf

ACHTUNG: Sauerkirschen und Papaya bereits am Vortag in Kirschwasser einlegen!

1 Pck. frische Hefe

125 ml lauwarme Milch

150 g Mehl

250 g Butter

25 ml Rum

4 Eier

3 Eigelbe

125 g Zucker

ausgelöstes Mark von ½ Vanilleschote

1 Msp. Salz

abgeriebene Schale von ½ Bio-Zitrone

½ TL gemahlene Muskatblüte

250 g Weizenvollkornmehl

100 g Buchweizenmehl

50 g getrocknete Sauerkirschen

50 g getrocknete Papaya, klein geschnitten

40 g Mandelstifte

35 g Cashewkerne, gehackt

35 ml Kirschwasser

GUSS
200 g Puderzucker
2 EL Zitronensaft

GARNITUR
1 EL getrocknete Papaya
2 EL Mandelblättchen

Hefe, lauwarme Milch und etwas Mehl zu einem Vorteig zusammenmischen und bei 40 °C, Gärstufe, ca. 15 Minuten gehen lassen. Butter mit Rum, Zucker, Vanille und Gewürzen schaumig schlagen, Eier und Eigelbe nach und nach zugeben. Wenn der Vorteig doppelte Größe erreicht hat, Buttermasse und restliches Mehl zugeben. Zu glattem Teig schlagen und bei Gärstufe ca. 25 Minuten gehen lassen, bis er erneut doppelte Größe erreicht hat.

Den Teig nochmals kneten, eingeweichte Trockenfrüchte sowie Nüsse zugeben. Teig in eine gebutterte, bemehlte Gugel-hupfform geben und ein letztes Mal bei Gärstufe ca. 15 Minuten gehen lassen. Wenn der Teig die Höhe der Form erreicht hat, herausnehmen und mit einem Tuch abdecken. Den Dampfbackofen auf 160 °C, CircoSteam, einstellen. Sobald die Temperatur erreicht ist, das Tuch entfernen und den Gugelhupf ca. 35–40 Minuten backen.

Für den Guss Puderzucker mit Zitronensaft und 3 EL heißem Wasser anrühren. Guss über dem ausgekühlten Kuchen verteilen und den Gugelhupf mit Papaya-stücken und Mandelblättchen verzieren.

155

Wüste oder Regenwald
Mancher Teig liebt es heiß und trocken, anderen tut eine gewisse Luftfeuchtigkeit so richtig gut. Mit dem Dampfbackofen haben Kuchen, Brot und Gebäck zum ersten Mal Klima nach Wahl. Hier die aktuelle Gebäck-Klimatabelle:

Welches Klima für welchen Teig?

Dampf	CircoSteam	Heißluft
Gedämpfte Kuchen und Puddings nach englischer Art, Soufflés (bleiben bei 90 °C länger stehen)	Hefeteig ohne oder mit trockenem Belag (Zopf, Streuselkuchen); Sauerteig; Biskuitrolle und alle anderen grobporigen Biskuits; Brandteig; Blätterteig; süße Aufläufe, z. B. Polentakuchen	Hefe-Obst-Kuchen; Mürbteig; Baiser und alle anderen Arten von Eiweißgebäck wie Makronen, Amaretti etc. Biskuit für Torten und Obstkuchen; Laugengebäck

Rührkuchen, Käsekuchen, Muffins (je nach Rezept)

Dattel-Feigen-Kuchen

Für 1 Kastenform 30 x 10 x 9 cm

MÜRBTEIG
80 g Butter | 50 g brauner Zucker
1 Eigelb | 150 g Mehl | 1 Prise Salz

ACHTUNG: Alle Zutaten für den Teig sollten Zimmertemperatur haben!

etwas Butter und Mehl für die Form

je 100 g getrocknete Datteln und Feigen
100 g Walnüsse
2 EL brauner Rum | 1 EL Honig
100 g weiche Butter
150 g Zucker
80 g Mandeln, gemahlen
ausgelöstes Mark von ½ Vanilleschote
1 Msp. gemahlene Nelken
½ TL Zimt
6 Eigelbe | 4 Eiweiße
1 Prise Salz
50 g Amarantmehl

Die Zutaten rasch zu einem glatten Teig verarbeiten. In Frischhaltefolie wickeln und ca. 15 Minuten im Kühlschrank ruhen lassen. Teig auf einer leicht bemehlten Arbeitsfläche dünn ausrollen und eine gebutterte, gemehlte Kastenform damit auslegen.

Datteln, Feigen und Walnüsse grob hacken und in Rum einweichen. Honig zugeben und untermischen. Butter mit 50 g Zucker schaumig schlagen, Mandeln, Vanillemark, Nelken- und Zimtpulver hineinrühren. Eigelbe zugeben und alles hellschaumig schlagen, die eingelegten Früchte unterziehen. Das Eiweiß mit dem restlichen Zucker und dem Salz zu festem Schnee schlagen. ⅓ vom Eiweiß auf die Buttermasse geben, das Mehl darübersieben und alles verrühren. Restliches Eiweiß sorgfältig unterheben. Die Masse in die Kastenform füllen, glatt streichen und den Kuchen im vorgeheizten Backofen bei 160 °C, Heißluft, ca. 50 Minuten backen.

Süße Beerentee-Raute

225 g Butter
2 EL Beeren-Früchtetee
1 EL getrocknete Minze
1 Prise Salz
abgeriebene Schale von 1 Bio-Limette
ausgelöstes Mark von ½ Vanilleschote
100 g brauner Zucker
300 g Vollkornmehl
1 Eigelb

1 Glas Waldbeerkonfitüre
Puderzucker zum Bestäuben

ACHTUNG: Tee-Butter-Minzmischung am Vortag zubereiten!
200 g Butter in einem Topf vollständig zerlassen, Tee und Minze über Nacht darin ziehen lassen. Die Butter wird dann wieder fest, weswegen sie noch einmal leicht erwärmt werden muss, durch ein Sieb gestrichen und dann mit der restlichen frischen Butter wieder auf 200 g Menge aufgewogen wird.
Die Teigzutaten unter Zugabe von 1 EL Wasser rasch zusammenkneten. Teig in Frischhaltefolie wickeln und ca. 15 Minuten im Kühlschrank ruhen lassen.
Auf einer bemehlten Arbeitsfläche dünn ausrollen. Mit einem Zackenrad in Rauten

schneiden und die Rauten auf ein mit Backpapier ausgelegtes Blech setzen. Bei 160 °C, Heißluft, ca. 12 Minuten backen.

Die Rauten nach dem Erkalten mit Waldbeerkonfitüre bestreichen und zusammensetzen. Zum Schluss mit etwas Puderzucker bestäuben.

Rezeptübersicht

*= Rezept für den Dampfbackofen

A

Apfel-Mandel-Kuchen 152
Auberginenpüree* 82

B

Beerentee-Raute, süße * 157
Blutorangentarte* 153
Buchweizennockerln mit
    Rote-Bete-Sauce und
    Sprossensalat* 48

C

Cappuccino-Flan* 106
Cheesecake, Safran-, mit
    Himbeeren* 145
Cocktail „Deep Red" 118
Cocktail „Happy Sunday" 72
Cranberry-Whisky-Muffins* 141
Crème brûlée* 78

D

Dattel-Feigen-Kuchen* 156

E

Eistorte, neapolitanische 37
Ente mit Maroni-Kürbis-Füllung* 98
Entenbrust, Gewürz-, mit Orangen-
    Pflaumenwein-Sauce und Gemüse-
    türmchen* 136
Erbsen-Minz-Süppchen* 41
Erdnuss-Kokos-Schichttorte* 150
Exotische Früchteminestrone 67

F

Früchte-Gugelhupf* 155
Früchteminestrone, exotische 67

G

Gazpacho* 109
Gefüllte Zucchiniblüten mit Jakobs-
    muscheln* 111
Gefüllte Zucchinicrêpes 46
Gemüseterrine mit Avocadocreme* 74
Gewürzentenbrust mit Orangen-
    Pflaumenwein-Sauce und Gemüse-
    türmchen* 136

Gewürzter Schokoladenkuchen mit
    eingelegten Bananen* 129
Granatapfel-Granité 135
Grießkuchen mit Grapefruit-
    Kardamom-Sirup* 93
Gugelhupf*, Früchte- 155

H

Hähnchenfilet mit Äpfeln und
    Ingwer-Orangen-Sauce* 112
Hähnchenflügel, orientalische* 86
Hibiskus-Basilikum-Pfirsich* 50
Humous – Kichererbsenpüree* 82

J

Jakobsmuscheln mit Lavendel-
    Kirsch-Sauce und Karotten-
    püree* 132
Jasmin-Pistazien-Schnecken* 142
Joghurt-Minz-Traum 81

K

Kaiserschmarrn mit Zwetschgen-
    röster und karamellisierten
    Apfelspalten* 62
Kalbsbraten, Marsala-, mit
    Rosmarinkarotten und Safran
    -Kartoffelbrei* 35
Kalbsragout in Tomaten-Sardellen-
    Sauce* 77
Kaninchenfilet auf Rhabarbergemüse mit
    Grünkernrisotto* 54
Kardamomparfait auf Erdbeercarpaccio
    mit Gewürzsirup 57
Karibischer Süßkartoffelpudding mit
    Kokossahne* 149
Kichererbsenbällchen, pikante, mit
    Limettendip 40

Kohlrabi-Millefeuilles mit Seezungen-
   farce* 53
Kürbismousse mit Traubenragout 101
Kürbissalat* 97

L

Lammbällchen, marokkanische* 90
Lammcurry, parfümiertes* 121
Limetten-Kokos-Flan mit Rosa-Pfeffer-
   Suppe* 139
Limettensoufflé mit Ananasparfait und
   Himbeeren* 115
Linguine mit Petersilienpesto 43

M

Mandelsuppe mit Feige 131
Mariniertes Rinderfilet mit Papaya
   und Jasminreis* 68
Marokkanische Lammbällchen* 90
Marsala-Kalbsbraten mit
   Rosmarinkarotten und Safran-
   Kartoffelbrei* 35
Minze-Tomaten-Salat auf Bulgur* 91

N

Neapolitanische Eistorte 37

O

Orangenpudding* 94
Orientalische Hähnchenflügel* 86

P

Parfümiertes Lammcurry* 121
Pikante Kichererbsenbällchen mit
   Limettendip 40
Polentakuchen mit Sanddorn-Birnen* 146

R

Rehrücken mit Walnuss-Pilz-Kruste und
   Selleriepüree* 126
Reissalat „1001 Nacht"* 85
Rinderfilet, mariniertes, mit Papaya und
   Jasminreis* 68
Rosentiramisu mit Litschis und Himbee-
   ren 122
Rote-Bete-Suppe mit Wasabi und Eier-
   stichrauten* 125

S

Safran-Cheesecake mit Himbeeren*
   145
Salat mit Kaffeevinaigrette und Orangenduft* 103

Salat mit Speck-Dampfnudel* 59
Schneller Thai-Salat* 66
Schokoladenkuchen, gewürzter,
   mit eingelegten Bananen* 129
Schweinefilet mit Brezenknödel und
   Pfifferlingsauce* 61
Streicheleinheit von Karotte,
   Mango & Co.* 119
Süße Beerentee-Raute* 157
Süßkartoffelpudding, karibischer,
   mit Kokossahne* 149

T

Thai-Salat, schneller* 66
Thunfischtatar 73
Tiramisu, Rosen-, mit Litschis und
   Himbeeren 122

Z

Zanderfilet mit Espresso-
   Grappa-Schaum und Rucola-
   Nudeln* 105
Zucchiniblüten, gefüllte, mit Jakobs-
   muscheln* 111
Zucchinicrêpes, gefüllte 46
Zucchinisuppe mit Feigen-Gremolata 33

159

Impressum

Danksagung

Verlag und Autoren danken NEFF für die Unterstützung bei der Entstehung dieses Buches.

Das Geschirr wurde freundlicherweise von der Firma Kahla – Linien „Elixyr", „Five Senses" und „Abra Cadabra" –, die Gläser wurden von der Firma Nachtmann – Linie „Vivendi" – zur Verfügung gestellt.

© 2008
AT Verlag, Baden und München
© der Rezepte: Christina Richon und Werner Raith

Alle Rechte vorbehalten.
Konzept und Koordination: Uta Rodenhäuser
Texte: Martina Mai
Fachberatung: Daniela Enzensberger
Fotos: Alexander Walter
Styling: Christian Ebenhan
Umschlaggestaltung und Layout: Cordula Schaaf
Lektorat: Jürgen Braun
Herstellung: bookwise medienproduktion, München
Printed in Slovenia

ISBN 978-3-03800-406-6

www.at-verlag.ch